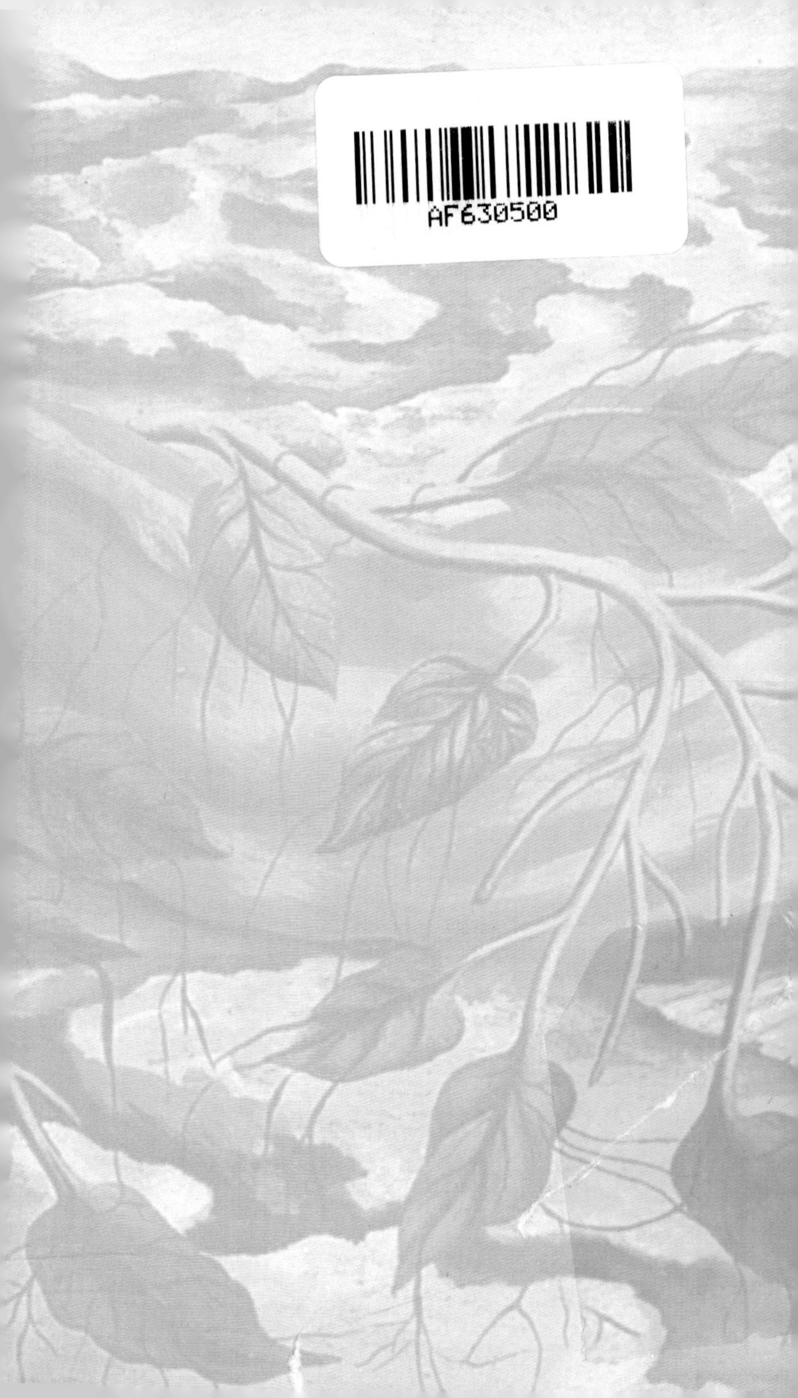

blue notes
95

Die mexikanische Malerin Frida Kahlo (1907–1954) ist eine der größten Ikonen des 20. Jahrhunderts, vor allem ihre zahlreichen Selbstporträts, mit denen sie ein Feuerwerk an Farben und Emotionen zündete, faszinieren bis heute. Kahlos Bilder, sinnlich, vital und explosiv, spiegeln eine zum Teil verstörende Seelenlandschaft und bieten tiefe Einblicke in das zerrissene Sein der Künstlerin, zeugen aber auch von ihrem unbändigen Lebenswillen. Ihre Symbolsprache ist dabei subtil verschlüsselt und voller Metaphern, sie schöpft aus einem reichen Fundus: Antike und fernöstliche Mythologie, aztekische Schöpfungsmythen, Katholizismus und mexikanisches Brauchtum, europäische und außereuropäische Kunstgeschichte sowie zeitgenössische gesellschaftspolitische Einflüsse, Marx und Freud. Annette Seemann beleuchtet in ihrem Porträt Leben und Werk der Ausnahmekünstlerin unter Einbeziehung der neuesten wissenschaftlichen Erkenntnisse, die erst nach Öffnung der privaten Archive gewonnen werden konnten.

Annette Seemann lebt als freie Autorin und Übersetzerin in Weimar. Die promovierte Germanistin war viele Jahre für die *Frankfurter Allgemeine Zeitung* tätig und ist Vorsitzende des Fördervereins zugunsten der Herzogin Anna Amalia Bibliothek. Bei ebersbach & simon zuletzt erschienen: *Ich bin eine befreite Frau. Peggy Guggenheim.*

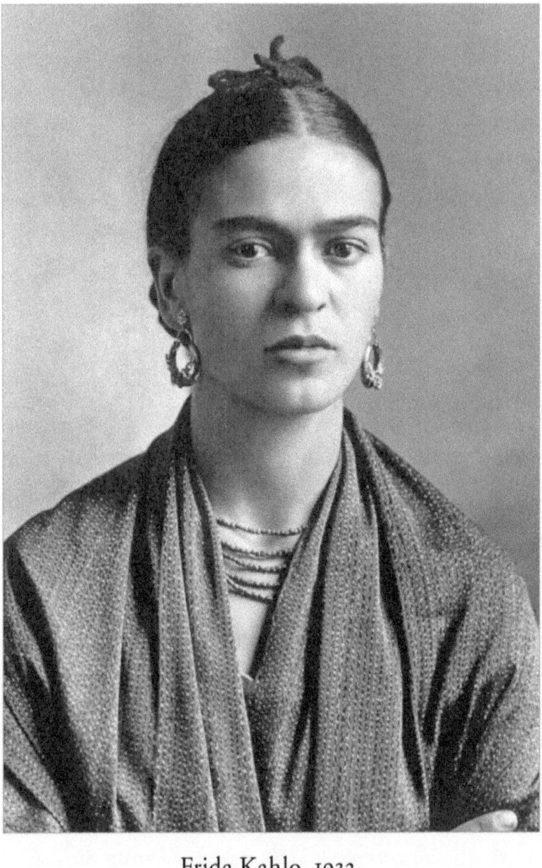

Frida Kahlo, 1932,
fotografiert von Guillermo Kahlo

Annette Seemann

Viva la Vida!
Frida Kahlo

ebersbach & simon

Inhalt

Einleitung

Frida Kahlo ist eine der ganz großen ikonischen Persönlichkeiten des 20. Jahrhunderts. In ihrem kurzen Leben durchmaß sie Höhen und Tiefen der menschlichen Existenz und schuf ein unverwechselbares malerisches Werk, eine unmittelbar an die eigene Biografie gebundene Ikonografie, und führte Themen in die Kunstgeschichte ein, die bis dato nicht als darstellenswert oder -fähig galten: Geburt, Abtreibung, die Selbstzerstörung durch Krankheit. Hierdurch wurde sie für viele Frauen eine Tabubrecherin, die Mut macht.

Sie kam am 6. Juli 1907 in Mexiko zur Welt, erkrankte mit sechs Jahren, wollte daraufhin Ärztin werden, war immer eine unendlich neugierige Leserin und Naturforscherin, daneben auch Fotografin und entdeckte neben dem Kommunismus schon früh die Liebe. Mit ihrem androgynen Äußeren zog sie als junges Mädchen Männer wie Frauen gleichermaßen an. Ein Unfall 1925 stellte all ihre Pläne infrage. In der langen Rekonvaleszenz wurde sie zur Malerin.

Ihre Liebe zu Diego Rivera bestimmte anschließend ihr Leben, ihr eigenes Talent zu malen bezweifelte sie immer wieder, bis erst die temporäre Trennung von ihm ihr zeigte, dass ihre Kunst selbst internationale Beachtung fand. Die Malerin ihrer selbst – kaum eine Frau hat so viele Selbstbildnisse geschaffen wie Frida Kahlo –

analysierte ihr Leiden und stellte es aus, sie »postete« sich in ihren Bildern, und mit dieser modernen Sicht auf das eigene Ich ist sie seit der Frauenbewegung der 1970er-Jahre bis heute eine Kultfigur. Aber dass diese so naiv wirkende Malerin mit der Emblematik und Ikonografie der europäischen und außereuropäischen Kunstgeschichte vertraut war und ihre verschlüsselten Botschaften ihren Bildern einschrieb, die immer auch politisch verstanden werden können, ist eine junge Erkenntnis.

Frida Kahlos Werk vermag sowohl unmittelbar anzusprechen wie den Fachwissenschaftler interessierende Fragestellungen aufzuwerfen: Periodisch weltweit veranstaltete Ausstellungen und Fanartikel sprechen Bände, ihr Blaues Haus in Coyoacán ist eine Pilgerstätte ersten Ranges.

Erst 2004 wurden entscheidende Archivmaterialien, Fotos, Dokumente, die in der *casa azúl* bis dato unter Verschluss gewesen waren, zur wissenschaftlichen Benutzung freigegeben, sodass seitdem Leben und Werk Frida Kahlos weit umfassender verstanden werden können. Diese Biografie verarbeitet erstmals die gültigen, heute verfügbaren fachwissenschaftlichen Kenntnisse zu Frida Kahlos Leben und Werk, darunter auch ein psychologisches Gutachten aus den Jahren 1949/50.

Eines der letzten Bilder, das sie malte, acht Tage vor ihrem Tod, ein Stillleben mit Melonen, trägt eingeritzt in das rote Melonenfleisch das Motto ihres reichen, zu kurzen Lebens: *Viva la vida!* – Es lebe das Leben!

Kindheit im Blauen Haus

Am 6. Juli 1907 kam Magdalena Carmen Frieda Kahlo Calderón in Coyoacán, damals ein Vorort im Süden vom Zentrum Mexiko-Stadts, in der *casa azúl* zur Welt. Noch 1977 fand man in Raquel Tibols Frida-Kahlo-Biografie ihr Geburtsdatum mit dem 7. Juli 1910 angegeben. Frida Kahlo selbst hatte diese Geschichtsfälschung in Umlauf gebracht, da sie ihre Geburt gern mit der 1910 beginnenden, zehn Jahre dauernden Mexikanischen Revolution in Verbindung brachte. Lange hat auch niemand an ihren Angaben gezweifelt.

Mit ihrem ursprünglichen Rufnamen Frieda, den der Vater ihr in Anspielung an das Ideal des Friedens gegeben hatte, konnte sie, die schon bald politisch dachte und Nazideutschland ablehnte, nicht viel anfangen: Die Tilgung des »e« war für die dritte Tochter des Fotografen Guillermo Kahlo, geboren als Carl Wilhelm Kahlo, und seiner Frau Matilde Calderón als junge Frau ein Muss. An diesen zwei Details erkennt man bereits das sich bei Frida Kahlo lebenslang durchziehende Moment der proteischen Selbstschöpfung und Selbstinszenierung.

Guillermo Kahlo stammte aus Pforzheim, litt schon als junger Mann an Schwindelanfällen und Epilepsie und wanderte 1890 nach Mexiko aus. Sein Vater hatte in Pforzheim als Schwiegersohn eines Schmuckfabrikanten sein Glück gemacht – warum sollte seinem Sohn etwas

Vergleichbares nicht in Mexiko gelingen? Er heiratete rasch, zwei Töchter wurden geboren, er wurde eingebürgert, war bald Buchhalter. Guillermo Kahlos Ehe mit María Cardeña endete 1897 nach nur vier Jahren, als sie bei der Geburt der zweiten Tochter starb. Fast umgehend ging Kahlo mit der zweiundzwanzig Jahre alten Matilde Calderón y González, die in seiner Firma arbeitete, eine Beziehung ein. Sie stammte aus Oaxaca im Südwesten von Mexiko, war zur Hälfte spanischer, zur Hälfte indianischer Abstammung.

Vieles sprach gegen die Ehe: seine epileptischen Anfälle ebenso wie die beiden zu versorgenden Töchter aus der ersten Ehe. Matilde wiederum war katholisch, wie alle damals in Mexiko. Kein Problem für Kahlo, denn von seinem Protestantismus hatte er sich schon bei der ersten Eheschließung mit einer Katholikin entfernt. Dass Matilde Analphabetin war, fiel wiederum für Kahlo nicht ins Gewicht. Auch dass sich ihr erster Verlobter, ebenfalls ein Deutscher, in ihrem Beisein erschossen hatte, störte ihn nicht. Matildes Willensstärke, Sittenstrenge und ihr Wunsch nach Wohlstand waren für den introvertierten Mann wichtige Anzeichen, dass es ihm an ihrer Seite gut gehen würde. Interessant war für Kahlo, der für die Firma zu fotografieren begann, außerdem, dass Matildes Vater Berufsfotograf war. So heiratete er sie, ließ seine Töchter in einem Kloster erziehen, wie Matilde es verlangte, und wurde selbst Berufsfotograf.

Bei einer Reise durch Mexiko fotografierte Kahlo die Kolonialbauten mit der vom mitreisenden Schwiegervater geliehenen Kamera und war von nun an auf Architektur- und Industriefotografie spezialisiert. Sehr schnell tauchte auch eine Vorliebe auf, die seine Tochter Frida übernehmen sollte: die für das Selbstporträt. Porträts, mit denen die meisten Fotografen ihr Geld verdienten, waren, nimmt man die Bilder seiner Familie aus, für ihn uninteressant. Fotografische Porträts würden nur etwas von der Natur hässlich Geschaffenes hübsch machen wollen, sagte er – eine Haltung, die Frida in ihrem Streben nach Wahrhaftigkeit in der Kunst geprägt hat.

In den Jahren bis zur Revolution fotografierte Kahlo im Regierungsauftrag die reiche Architektur des Landes, die indianische und die koloniale, erwarb Wohlstand und konnte ab 1904 ein eigenes Haus, die *casa azúl*, errichten.

Schon im Jahr der Eheschließung, 1898, kam Matilda, genannt Mati, zur Welt, lange Frida Kahlos Lieblingsschwester, 1902 Adriana. Als Fri(e)da 1907 geboren wurde, war die Familie materiell auf einem Höhepunkt angekommen. Schon zwei Monate danach war die Mutter erneut schwanger und konnte sie nicht mehr stillen. Cristina sollte das letzte Kind bleiben, der einzige Junge in der Geschwisterschar war schon früh gestorben.

Fri(e)da wurde damals einer indianischen Amme übergeben, ein Ereignis, das die Malerin im Nachhinein sehr beeindruckte und das sie in eines ihrer berühmtesten Bilder übersetzte: *Meine Amme und ich* oder *Ich nuckele* (1937): Auf dem Bild sieht man, übermächtig im Zentrum sitzend, eine dunkelhäutige, schwere schwarzhaarige Frau, vor ihrem Gesicht eine schwarze altmexikanische Maske. In den Armen der barbrüstigen Amme ruht ein zwittriges Wesen – jenes Ich des Titels, das die Malerin als einen Menschen mit kindlichem

Körper und erwachsenem, übergroßem Kopf, der deutlich ein Selbstporträt ist, imaginiert hat. Dieses Wesen nuckelt an der linken Brust der Amme, die aufzublühen scheint. Der Blick der Kind-Frau geht träumerisch ins Weite. Archaisch und surreal zugleich wirkt das Bild: Die Teotihuacan-Totenmaske der Amme steht stellvertretend für das alte Mexiko, für einen Teil der bewusst in ihrer Beziehung zu Diego Rivera angenommenen neuen Identifikation mit dem präspanischen Mexiko. Außerdem ist die Analogie zu den christlichen Pietà-Darstellungen auffällig: Die Amme nimmt den Platz Mariens ein, Frida liegt an der Stelle des Jesuskinds, aber anders als dort wird hier nicht Bindung, sondern Verlust dargestellt: Keine Liebkosung, kein Blickkontakt verbinden die Säugende und den Säugling.[1] Das Kind wird, auch das eine Anspielung auf die präkolumbianischen Kulte, als Opfergabe dargeboten. Aus dem verdunkelten Himmel regnet es Milchtropfen: Das Bild wirkt naiv, hat aber eine starke emblematische Aussage. Der frei gebliebene untere Bildstreifen sollte möglicherweise, wie bei anderen Werken Frida Kahlos, ein *ex voto* aufnehmen, eine Tradition, die sie aufgriff, um persönliche Trauer darzustellen.

Hintergrund des Bildes ist sicher auch Fridas Beziehung zu ihrer eigenen Mutter, die von ihr als zwiespältig wahrgenommen wurde: Gefühlskälte einerseits und Tatkraft, dann wieder Hineindenken in die Bedürfnisse der Tochter andererseits. Frida übernahm selbst eine derartige Ambivalenz Menschen gegenüber. Ihre extremen Gefühlsregungen, von Liebe zu Hass schwankend binnen kurzer Zeit, fielen bei vielen Gelegenheiten früh auf.

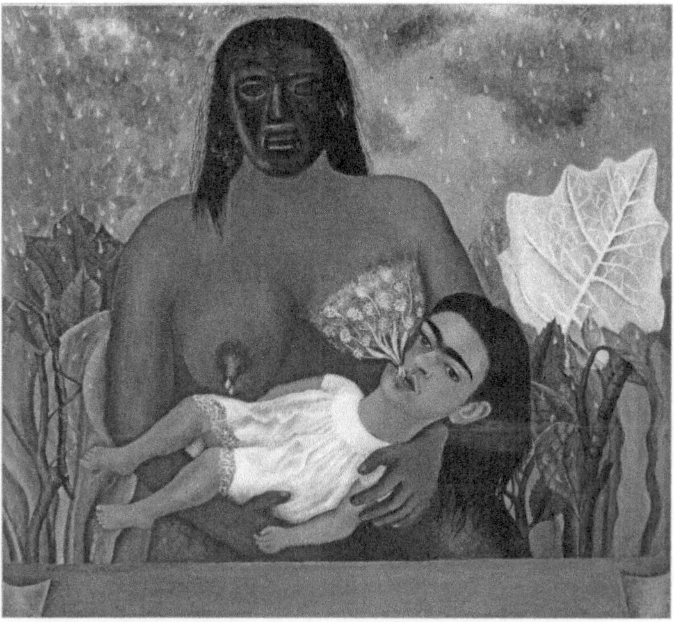

Meine Amme und ich, 1937

Mit sechs oder sieben Jahren litt Frida unter einer Krankheit, die sie stark belastete und die in den meisten Publikationen bis in die 2000er-Jahre hinein als Polio benannt wurde. Diese Diagnose ist heute umstritten.[2] Auch im Interview mit der Psychologin Olga Campos, das diese im Rahmen einer breit angelegten Untersuchung zu Künstlern in Mexiko 1949/50 mit Frida Kahlo führte und das als neue Quelle erst nach Öffnung der persönlichen Archive Fridas in der *casa azúl* 2004 auftauchte, wird nicht von Polio im Zusammenhang mit der damaligen Krankheit gesprochen. Im Abschnitt *Mein Leben* der Interviews heißt es zu diesem Komplex: »Ich erinnere mich, wie ich das erste Mal krank war. Ich war mit Luis León, einem Jungen, spielen gegangen, und auf der Terrasse warf er einen Holzklotz auf meinen Fuß. Zu Hause benutzten sie das als Ausrede, als mein Bein dünner zu werden begann … Das geschah, als ich etwa sieben Jahre alt war, und mein Papá und meine Mamá fingen an, mich sehr zu verwöhnen und mich mehr zu lieben. Der Fuß war zur Seite geneigt, und ich humpelte ein wenig.«[3]

Eine andere Interpretation als Polio für den Zustand von Fridas rechtem Bein lieferte der Arzt Leo Eloesser in den 1940er-Jahren, indem er ihr Problem mit angeborener *Spina bifida occulta* – einer in der Embryonalentwicklung nicht geschlossenen Neuronalspalte an der unteren Wirbelsäule, verdeckt jedoch durch Haut – erklärte. Im Nachhinein ist es schwer, Fridas Krankengeschichte objektiv zu beurteilen, zumal niemals eine Obduktion von Fridas Leichnam durchgeführt wurde. Letztlich könnte der angeborene Befund durch eine aufgesetzte Polio-Erkrankung verstärkt worden sein, aber auch *Spina bifida occulta* könnte im Laufe des Wachstums Fridas Beinproblematik hervorgerufen haben.

Unbestritten ist, dass Frida ein viel dünneres rechtes Bein zurückbehielt. Sie musste neun Monate im Bett liegen, eine Qual für das bewegungsfreudige Mädchen, aber zugleich lernte sie dadurch eine Lektion: Kranksein bedeutete in ihrer Familie verstärkte Zuwendung für sie. Denn verbürgt ist auch, wie sehr der Vater sich um Fridas Wohlergehen kümmerte, während sie das Bett hüten musste. Das Kind gab sich indes Tagträumen hin, wünschte sich, anders zu sein, als sie war – und auch die erwachsene Frida sollte diesen Tagtraum weiterhin als magisch und tröstlich für sich bewahren: An dieser Stelle begann ein Identitätsproblem, das bei der erwachsenen Frida massiv zutage trat. Sie vermochte sich nur mit sich selbst als realer Person zu identifizieren, wenn sie von den anderen als schöner, interessanter, kluger Mensch erkannt wurde.

Die gewünschte vollkommene Genesung stellte sich nicht ein – Fridas rechtes Bein blieb verkümmert. Die Ärzte rieten zu Sport, und der Vater unterstützte auch das, ermunterte sie zu »Jungensportarten« wie Fußball. Auch Rollschuhfahren und ein Fahrrad sollten ihr helfen, und konsequent spielte sie jetzt nur noch mit Jungen. Vielleicht ersetzte sie dem Vater auch den erwünschten Sohn. Möglich, dass es dem Vater jetzt darum zu tun war, in Frida, seiner Lieblingstochter, die angeborene Intelligenz und Durchsetzungsfähigkeit in Hinblick auf ein unabhängiges Berufsleben zu stärken, da er sie sich in einer Versorgungsehe nicht mehr vorstellen konnte, wie er sie für die anderen Töchter erwartete.

Frida zeigte Neugierde für Bücher, für die Arbeit ihres Vaters, der gelegentlich auch im Freien malte, für die Natur, die auf gemeinsamen Spaziergängen erkundet und beobachtet wurde. Vielfältige naturkundliche Sammlungen entstanden. Zu Hause sezierten beide die von Frida gesammelten Pflanzen und Tiere, und sie lernte, immer genauer zu sehen. Auch die erste Begegnung mit der mexikanischen Archäologie fand in dieser Lebensphase an der Seite des Vaters statt, ebenso jene mit der Fotografie als Technik: Sie lernte von ihm, zu fotografieren, die Bilder zu entwickeln, zu retuschieren und zu kolorieren, wie es damals noch üblich war. In puncto Gründlichkeit und Genauigkeit konnte sie es mit dem Vater aufnehmen, und auch die Erfahrung der Krankheit teilte sie mit ihm: Auf den Spaziergängen war sie die ihm zugeordnete Krankenschwester, die seine Kamera sichern musste, die ihm Äther oder Alkohol zu riechen gab, damit er aus seinen epileptischen Ohnmachtsanfällen erwachte. Die Werte der Mutter, den Katholizismus insbesondere, lehnte sie schon früh ab, wenngleich sie sowohl die Dogmatik des katholischen Glaubens als auch die Ikonografie, gerade in der mexikanischen Spielart, verstehen und schätzen lernte.

Immer stärker entwickelte sie ein Eigenleben, und es kommt nicht von ungefähr, dass die so stark an der Natur und am menschlichen Körper interessierte Frida den Berufswunsch Ärztin ganz offen formulierte. Sie war anders als ihre Schwestern und kultivierte dies bereits als heranwachsendes Mädchen. Ein Resultat aus diesen frühen Jahren war zum einen ihr extremer Überlebenswille, zum anderen ihr in den langen Phasen von Krankheit und Immobilität, die ihren Lebensweg kennzeichneten, starkes Bildungsbedürfnis, das sich in einer geradezu universalen Bibliothek widerspiegelte. Die Wahl, was diese Künstlerin einmal malen sollte, fiel nicht naiv, sondern bewusst, und es gibt selbst in den von vornherein ähnlich bis gleich wirkenden Selbstporträts keinerlei Wiederholungen.

Der Einschnitt

1922 verließ Frida die von Anna Maria Berlanga geleitete weiterführende Schule und wurde nach bestandener anspruchsvoller Aufnahmeprüfung als eines von fünfunddreißig Mädchen von insgesamt zweitausend Schülern zur Escuela Nacional Preparatoria zugelassen, die in einem fünf Jahre dauernden Curriculum auf das Universitätsstudium vorbereitete. Erst 1920, mit dem Ende der Mexikanischen Revolution unter Álvaro Obregón, war sie auch für Mädchen geöffnet worden.

Den Schulbesuch setzte Vater Kahlo gegen den Willen seiner sparsamen Frau durch, Frida sollte jedoch in der Freizeit etwas dazuverdienen, um zum Schulgeld beizutragen. Sie suchte nach Möglichkeiten und half dem Vater weiter nebenbei im Atelier. Mit der Straßenbahn hatte sie außerdem von Coyoacán nach Mexico-Stadt jeweils eine Stunde Fahrzeit. Frida war stolz auf ihren neuen Status, galt die Schule doch als die Talentschmiede Mexikos.

Das Haar hatte sie sich kurz vor dem neuen Lebensabschnitt auf Kinnhöhe abgeschnitten. Schon jetzt war sie auch wegen ihrer zusammengewachsenen Augenbrauen eine auffällige Erscheinung (zu diesem Zeitpunkt maß sie 144 Zentimeter und wog 44 Kilogramm). Das dünnere Bein kaschierte sie mit vier Lagen Strümpfen.

Álvaro Obregóns Reformkurs in Mexiko war insgesamt verantwortlich für ein blühendes Bildungs- und Kulturleben, und auch das präkolumbianische Erbe spielte plötzlich eine wichtige Rolle und sollte bekannter gemacht werden. Wandgemälde erschienen als die ideale Form, auch weniger Gebildeten geschichtliche Zusammenhänge zu vermitteln. Daher gingen jetzt große Freskenaufträge der Regierung mit Themen der nationalen Geschichte auch an Diego Rivera (1886–1957).

Frida Kahlo erlebte die neue Betonung der *Mexicanidad* als Aufbruch. In der Schule schloss sie sich einer Gruppe von Jugendlichen an, die alle die gleichen Mützen, die *cachuchas*, trugen und sich auch so nannten. Progressiv, ohne ein politisches Bekenntnis abzulegen, gefielen sie sich darin, Autoritäten, aber auch gelegentlich harmlosen Tieren, Streiche zu spielen. Neben Frida gehörte nur ein Mädchen zu der neunköpfigen Gruppe. Besonders imponierte ihr der schon 1919 in die Preparatoria eingetretene Alejandro Gómez Arias (1906–1990), später ein berühmter Anwalt und Journalist. Überhaupt sollten alle *cachuchas* Karriere machen. Frida schwänzte, begeisterte sich jedoch für alle Geisteswissenschaften, Astronomie, Biologie und Zoologie. Die Gruppe las Bücher in vielen Sprachen. Sie selbst kannte sich, vermittelt durch ihren Vater, am besten in der deutschen Philosophie aus. Zum ersten Mal in ihrem Leben gehörte sie zu einer Gruppe, war anerkannt und empfand sich nicht mehr als andersartig und am Rande stehend.

In das Jahr 1922 fiel auch die erste Begegnung zwischen Frida und Diego Rivera, der ein Wandbild für die Aula der Preparatoria mit dem Titel *Die Schöpfung* schaffen sollte. Es war Riveras erstes großes Wandgemälde, und die *cachuchas* beschlossen, dem Künstler einen Streich zu spielen. Frida rieb die Stufen von Riveras Malergestell mit Schmierseife ein: Sie stellte es sich großartig vor, den riesigen, dicken Mann am Boden liegen zu sehen. Doch Rivera merkte noch nicht einmal, dass die Sprossen eingeseift waren, so geschickt balancierte er sich aus. Als Nächstes versuchte sie, ihn mit seinen berüchtigten Frauenbeziehungen aufzuziehen. Eines Abends stürmte sie in die Aula und bat Rivera selbstbewusst, ihm bei der Arbeit zuschauen zu dürfen, was dieser, obwohl seine Frau (Guada-)Lupe Marin ebenfalls im Raum war, ihr zubilligte. Sie blieb drei Stunden, ohne sich durch Lupes feindseliges Verhalten verjagen zu lassen. Noch wusste Rivera nicht, wie das kleine Mädchen hieß, das wenig später seinen Mitschülern gegenüber äußerte, es wolle ein Kind von Diego Rivera. Nach Beendigung des Wandbilds verschwand Rivera dann über Jahre aus Frida Kahlos Umfeld.

In den Jahren ab 1922, als Frida mit Alejandro Gómez Arias befreundet war, dann ab 1924 eine Liebesbeziehung einging, war es ihr, so geht es aus Briefen an ihn hervor, um ihre gemeinsame Zukunft mit diesem Freund zu tun. Spätestens ab 1925 planten sie eine Reise in die USA. Am 1. Januar 1925 schrieb sie an Alejandro: »Denn sieh mal, Alex, wir sollten etwas aus unserem Leben machen, findest Du nicht? Wir werden doch nicht so blöd sein und unser ganzes Leben in Mexiko verbringen! Für mich gibt es nichts Schöneres, als zu reisen, und der Gedanke, dass ich nicht genug Willenskraft aufbringen könnte, diesen Plan in die Tat umzusetzen, ist eine regelrechte Qual für mich.«[4]

Dass sie ihre Liebesbeziehung vor ihren Eltern geheim halten mussten, verstand sich von selbst, dass sie sich heimlich trafen, ebenfalls, außerdem musste vor allem Frida auch Geld für die Reise sparen. Sie absolvierte zu diesem Zweck bei einem Freund des Vaters, dem Werbegrafiker Fernando Fernández, eine bezahlte Lehre. Sie kopierte dort einige Stiche des schwedischen Impressionisten Anders Zorn, und Fernández war begeistert von ihrem großen Talent. Gewissermaßen aus Dankbarkeit hatte sie offenbar auch eine kurze Affäre mit ihm. Mit Alejandro kam es darüber zu Auseinandersetzungen, ebenso wie über andere Treuebrüche Fridas. Denn später gab sie an, nachdem sie schließlich eine Bibliotheksarbeit im Kultusministerium hatte ergattern können, von einer dort beschäftigten Angestellten verführt worden zu sein. Diese beiden Affären wurden von Alejandro Gómez Arias in späteren Jahren kolportiert, doch auch Frida vertraute einer Freundin einmal an, wie traumatisch der erste homosexuelle Kontakt »mit einer Lehrerin« gewesen sei. Auch, dass die Eltern dieses Verhältnis entdeckt und sich entsetzt und bestürzt darüber gezeigt hätten. Später, Frida und Alejandro waren kein Liebespaar mehr, aber immer gute Freunde geblieben, äußerte er einmal, dass Frida sexuell frühreif, dass Sex eine selbstverständliche Lebensnotwendigkeit für sie gewesen sei.

Man erlebte Frida Kahlo in diesem Zeitraum bis 1925 also als selbstbestimmte junge Frau, die sich nicht um Moralnormen scherte, Lebensfreude, Neugierde und Wissbegierde besaß, neue Erfahrungen suchte und schlechte Erfahrungen dabei billigend in Kauf nahm. Eine Karriere als Ärztin in Mexiko schien im Rahmen des Vorstellbaren angesichts ihrer Fähigkeiten und Leistungen.

Am Nachmittag des 17. September 1925 bummelte Frida mit Alexandro nach der Schule durch die Straßen. Sie ließen sich Zeit, planten, nicht die altmodische elektrische Straßenbahn zu benutzen, sondern einen der neuen hölzernen Omnibusse, die seit Kurzem in Mexiko-Stadt verkehrten und immer überfüllt waren.

Als sie den Bus bestiegen, stellte Frida fest, dass sie einen kleinen Sonnenschirm, den sie dabeigehabt hatte, irgendwo vergessen haben musste. Beide stiegen wieder aus, Alejandro kaufte Frida zum Trost für den verschwundenen Schirm eine kleine Holzfigur, einen Tänzer, ein Stück der Volkskultur, die Frida so mochte. Sie stiegen in den nächsten Bus, im hinteren Teil waren zwei Plätze frei. Der Fahrer nahm die sich langsam nähernde Straßenbahn offensichtlich nicht recht ernst, weshalb er zu spät auswich. Die Straßenbahn ihrerseits bremste nicht.

Es kam zum Zusammenstoß: Die Straßenbahn drückte den Bus gegen eine Hausmauer. In Alejandros Erinnerung geschah Folgendes: »Der elektrische Zug bestand aus zwei Wagen und kam ganz langsam auf unseren Bus zu, traf ihn in der Mitte und drückte ihn wie eine Schachtel zusammen. Der Bus hatte eine eigentümliche Elastizität, bog sich mehr und mehr, ohne gleich auseinanderzubrechen. [...] Frida saß neben mir. Als der Bus seine höchste Biegsamkeit erreicht hatte, zersplitterte er in tausend Stücke, und noch immer kam die Trambahn nicht zum Stillstand, sondern begrub Leute und Trümmer unter sich. Auch ich geriet unter die Bahn; Frida nicht; dafür brach eine Haltestange und durchbohrte Frida im Beckenbereich.«[5]

Nach eigenen Aussagen merkte Frida nicht, wie schwer sie verletzt war, sondern suchte nur nach der kleinen Holzfigur, die sie nicht mehr in Händen hielt. Alejandro kämpfte sich unter dem Straßenbahnwagen hervor und suchte seinerseits nach Frida, die er fast nackt auf dem Boden liegen sah. Sie blutete sehr stark und war dazu völlig von einem Goldpuder überstäubt, das ein Handwerker bei dem Unfall verloren hatte. Die Menschen riefen, so Alejandro, verwundert über den Anblick: »*Una bailarina!*« – eine Tänzerin –, fast zynisch angesichts der Tatsache, dass Frida zukünftig sowohl beim Tanzen als auch beim Laufen immer große Schmerzen haben sollte. Bei dem Versuch, sie hochzuheben, bemerkte Alejandro voll Entsetzen die Eisenstange, die sie durchbohrt hatte. Ein Mann ergriff die Initiative und zog der schreienden Frida die Stange aus dem Körper. Man wartete auf den Rettungswagen. Alejandro war sich in diesem Augenblick fast sicher, dass sie, wie mehrere andere Opfer des Unfalls, keine Überlebenschance hätte.

Doch Frida überlebte. Ein Jahr später, 1926, fertigte sie eine kleine Bleistiftskizze an, *Accidente*, in der sie den Unfall schildert.

Im Rotkreuzkrankenhaus schloss man ihre Heilung zunächst aus: Das Rückgrat war an drei Stellen im Beckenbereich verletzt, sie hatte einen Schlüsselbein-, zwei Rippen- und elf Beinbrüche (am bereits atrophierten rechten Bein). Der rechte Fuß war ausgerenkt und zerquetscht, die linke Schulter ausgekugelt, das Schambein dreifach gebrochen. Als die Eltern die Nachricht erhielten, erlitten sie einen Nervenzusammenbruch und waren länger unfähig, ihre Tochter zu besuchen. Einen Monat lang verbrachte Frida in dem nur unzureichend ausgestatteten Spital, zu Hause musste sie anschließend weiterhin liegen, insgesamt verbrachte sie drei Monate im Bett. Alejandro besuchte sie nicht, zunächst wegen seiner eigenen Verletzungen, aber dann? Sie schrieb ihm berührende Briefe, gestand ihre Treubrüche mit anderen Männern ein, versuchte ihn zurückzuerobern: »Du sagst, Du willst nicht mehr mit mir zusammen sein […]. Was soll ich denn machen? Wohin soll ich gehen? […] Auch wenn Du es nicht aussprichst, so weißt Du doch, dass ich zwar Dummheiten mit anderen Männern gemacht habe, aber dass sie nichts sind gegen Dich […]. Es ist noch lange nicht so weit, dass wir uns vergessen haben, wir können ein gutes Paar sein, gute Eheleute – sag nicht Nein […].«[6]

Coyoacán war weit vom Stadtzentrum entfernt, sodass auch die anderen *cachuchas* den Weg scheuten. Erst im Dezember 1925 durfte Frida wieder aufstehen und das Laufen üben, es gab Hoffnung auf Heilung. Im Sommer 1926 erlitt Frida einen Rückfall. Ein Gipskorsett und Stützen für den rechten Fuß sollten Besserung bringen. Doch Einsamkeit und Bewegungslosigkeit machten sie melancholisch. Hinzu kam, dass sich mit einem Schlag ihr Zukunftswunsch in Luft aufgelöst hatte. In die Preparatoria kehrte sie nicht mehr zurück – mit dem Schulgeld wurden die Arztrechnungen bezahlt.

Da griff sie die Fähigkeit auf, mit der sie noch vor Kurzem großes Lob geerntet hatte: Die Mutter brachte einen Spiegel an ihrem Bettbaldachin an, eine Staffelei für das

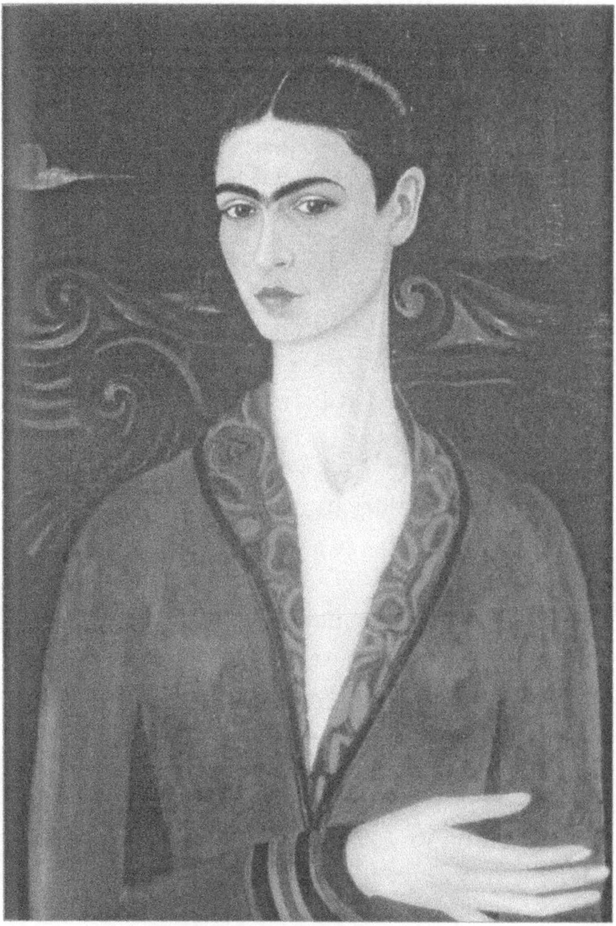

Selbstbildnis mit Samtkleid, 1926

Bett, der Ölfarbenkasten des Vaters traten hinzu – und sie malte.

Im Spätsommer 1926 entstand ihr erstes Selbstporträt (es sollten viele folgen, ein Drittel ihrer Werke sind Selbstporträts), auf dem sie sich mit einem roten Samtkleid ganz im Stil einer Dame der Renaissance malte, während der Hintergrund von Jugendstileinflüssen spricht. Lediglich der lange, verführerische Ausschnitt weicht vom Renaissance-Modell ab und zeigt, dass sie sich mit dem Bild ihren Freund Alejandro zurückerobern wollte. Am 28. September schreibt sie ihm: »Auch wenn ich zu vielen ›Ich liebe Dich‹ gesagt habe, auch wenn ich Verabredungen hatte und andere geküsst habe, im Grunde habe ich immer nur Dich geliebt […]. Das Porträt wird in ein paar Tagen bei Dir sein. Entschuldige, dass ich es Dir ohne Rahmen gebe. Bitte häng es irgendwo niedrig auf, sodass Du es so siehst, als ob Du mich anschauen würdest […].«[7]

Für kurze Zeit erfüllte das Bild seinen Zweck, Alejandro besuchte sie wieder. Nun erfuhr sie allerdings, dass sie niemals Mutter werden könnte. Und reagierte darauf mit der Geburtsanzeige ihres fiktiven, 1925 im Rotkreuzkrankenhaus geborenen Sohns Leonardo, als dessen Paten sie Alejandro und die Freundin Isabel Campos angab. Versuchte sie so die Geburt ihres Malertums aus dem Geiste der Renaissance in trauriger Ironie zu formulieren? An Alejandro schreibt sie: »Vor Kurzem noch, es ist erst wenige Tage her, da war ich ein Kind, das durch eine bunte Welt voller klarer, greifbarer Formen streifte. […] Meine Freundinnen und Gefährtinnen wurden langsam zu Frauen, ich aber bin in wenigen Augenblicken gealtert, und jetzt ist alles seicht und durchschaubar. Ich weiß, dass nichts dahinter ist; wäre dort etwas, würde ich es sehen […].«[8]

Ihre Metamorphose setzte sie auch äußerlich um, schnitt sich die Haare kurz und trug elegante Herrenanzüge, die das dünne Bein kaschierten. Ein Familienfoto aus demselben Jahr zeigt die junge Frau typischerweise am Rand in männlich-lässiger Haltung, eine Hand in der Hosentasche.

Nie wieder würde sie das Gefühl des Aufgehens in einer Gruppe haben und immer mit der eigenen Identität ringen, den schon immer widerstreitenden Bedürfnissen nach Sicherheit einerseits und Abenteuer andererseits, nach Anerkennung, nach Lebensfreude und Exzess.

Diego und der Kommunismus

Frida wurde im Jahr 1928 bei der Schauspielerin und Fotografin Tina Modotti (1896–1942) und ihrem damaligen Geliebten, dem Kommunisten und Studentenführer Julio Antonio Mella (1903–1929), eingeführt. Dieser Treffpunkt von kommunistischen Agenten, Sympathisanten, Künstlern und Intellektuellen rief bei Alejandro Gómez Arias starke Kritik hervor, zumal Frida und Tina sich befreundeten, und war letztlich auch Grund für die endgültige Trennung der beiden – die einander jedoch lebenslang verbunden blieben. Frida trat, beeinflusst durch die Gruppe um Tina, der Kommunistischen Partei Mexikos bei. Bei Modotti traf sie erneut auf Diego Rivera – für ihn wirkte das wie eine erstmalige Begegnung. Er lebte gerade solo – seine Frau Guadalupe Marín hatte sich von ihm getrennt, und sein Seitensprung mit Tina Modotti war auch bereits Vergangenheit.

Zu Beginn des Jahres 1928 hatte Frida das Malen als die einzige für sie vorstellbare Tätigkeit identifiziert, mit der sie glaubte, je unabhängig von ihren Eltern zu werden. Aber da sie keine systematische Ausbildung erhalten hatte, suchte sie dringend einen professionellen Ratgeber und erkannte diesen in dem inzwischen berühmtesten Maler Mexikos, mit dem sie nun ja auch offiziell bekannt gemacht worden war. Davor muss eine zuletzt immer wieder beschriebene positive Bewertung von Fridas Bildern durch den Maler José Clemente Orozco erfolgt sein[9], die sie jetzt ermutigte, auch Rivera mit ihren Bildern zu konfrontieren.

Die folgende Geschichte ist vielfach kolportiert worden, und auch in dem Film von 2002 unter der Regie von Julie Taymor mit Salma Hayek in der Rolle der Frida ist sie eine berühmte Szene: Frida nimmt einige ihrer Bilder und begibt sich zum Erziehungsministerium, wo Rivera an Wandbildern arbeitet. In ihrer Erinnerung beschreibt sie, dass sie ihn gebeten habe, vom Gerüst herunterzukommen und ihre Bilder anzusehen. Diego Rivera habe ihr Selbstporträt gelobt, habe bei den anderen drei Bildern, die sie mitgebracht hatte, Einflüsse von anderen Künstlern entdeckt und sie aufgefordert, ein weiteres Bild zu malen. Er habe angeboten, am nächsten Sonntag bei ihr zu Hause vorbeizukommen und ein Urteil darüber abzugeben. Auch Rivera erinnerte sich an diese Begegnung: Er habe sofort die Ausdrucksfähigkeit, die genaue Charakterdarstellung der Porträts und Fridas strengen Realismus erkannt. Ein Wort, mit dem er Frida Kahlos Malerei von vornherein kennzeichnet, und es trifft auf all ihre Werke zu, fällt schon jetzt: »Wahrhaftigkeit«. Daneben: lebendige Sinnlichkeit. Für ihn war Frida schon damals eine eigene und selbstständige Künstlerpersönlichkeit, der es nicht darum ging, Komplimente zu erhaschen. Im selben Augenblick habe er sich an das kleine Mädchen erinnert, das damals in die Aula gerannt kam, und auch an die Klagen seines Freunds, des Direktors der Preparatoria, über eine Schülerin namens Frida Kahlo als Anführerin einer Bande jugendlicher Krimineller. Daher habe er sie gefragt, ob sie das Mädchen von damals wäre. Woraufhin sie ihm den Mund zugehalten und verunsichert habe wissen wollen, ob er wirklich noch plane, am nächsten Sonntag ihr nächstes Bild anzuschauen … Das bestätigte Rivera.

Frida trug an jenem Sonntag einen Overall und empfing den berühmten Maler in einem Baum an der *casa azúl* sitzend, die Internationale pfeifend. Der Funke sprang über. Rivera war angezogen von der knabenhaft wirkenden, begabten jungen Frau. Die seine politischen Ideale teilte. Die zwanzig Jahre jünger war als er.

Dass er in den Augen von Matilde Kahlo nicht der Idealpartner für die Tochter war, versteht sich von selbst – drei gescheiterte Ehen, drei Töchter, die er zu unterhalten hatte, keinerlei religiöse Bindung, Skandale, die ihn permanent umwehten … Der Vater hingegen habe Rivera vor Frida gewarnt, vor allem davor, dass sie ihr Leben lang krank bleiben würde.

Aber: Sie diskutierten über Politik und die Kommunistische Partei, der Rivera schon seit 1922 angehörte. Frida war verliebt, Rivera war ebenfalls verliebt, wenngleich sie einander mit recht seltsamen Koseworten bedachten: »Hundegesicht« sagte Rivera zu Frida, und sie nannte ihn »Krötenfrosch«.

Er schlug ihr vor, sie mit schwarzem Rock und roter Bluse auf seinem Wandzyklus im Erziehungsministerium zu verewigen (er wollte die aktuelle Favoritin immer auch malen), als eine junge Revolutionärin, die Waffen an die Arbeiter und Bauern verteilt. Frida wurde binnen Kurzem Riveras Geliebte. Ehrlich und mit Verve unterstützte er ihre künstlerischen Ambitionen, riet ihr, bei ihrem

Stil zu bleiben, zu malen, wie sie Personen und Gegenstände sah.

Dadurch wuchs ihre Motivation und sie eignete sich manche der Arbeitsprinzipien Riveras an, etwa Figuren aus großen, einfachen Formen heraus zu entwickeln. Im folgenden Jahr 1929 entstand das Bild *Der Autobus*, ein in ihrem gesamten Œuvre untypisches Bild mit sozialem Thema, was erneut auf Riveras Einfluss in dieser Anfangsphase der Beziehung hinweist. Die Szenerie ist das Innere eines Autobusses, eigentlich eine Genreszene. Aber die in bewusst naiver Manier aufgereihten Figuren können mit ihrer sozialen und ethnischen Mischung als ein Spiegel der damaligen mexikanischen Gesellschaft gelten: Im Bildzentrum (im übertragenen Sinn auch im Zentrum der Gesellschaft) sitzt eine stillende Indiomutter, die einzige Figur auf dem Bild, die intensiv kommuniziert (mit ihrem Kind), während alle Übrigen, der Arbeiter, die Hausfrau, der ältere Herr, die europäisch wirkende junge Dame, den Betrachter frontal anschauen, ein kleines Kind neben der Indiomutter stattdessen dem Betrachter den Rücken kehrt, da es interessiert die vorbeigleitende Fabrikanlage und die dann folgende weite, leere Landschaft betrachtet.

Auf einem zweiten Bild, *Selbstporträt, Die Zeit fliegt*, malte sich Kahlo im selben Jahr ganz anders als auf dem ersten Selbstbildnis, nämlich als »echte« Mexikanerin, *mestiza*, in der sich spanisches und indigenes Blut gemischt haben. Die Figur schaut dem Betrachter geradewegs ins Gesicht, wie auf den übrigen Selbstbildnissen später auch. Das Bild ist fast gänzlich symmetrisch aufgebaut, angefangen mit dem strengen Mittelscheitel über den sich flügelartig über der Nasenwurzel trennenden Augenbrauen, den frischen roten Wangenkreisen, den beiden Ohrgehängen und den rahmenden Vorhangschals. Einzig der auf einem Piedestal stehende Wecker und das sich über Fridas Kopf im Himmel hochschraubende Propellerflugzeug unterbrechen die Symmetrie der Komposition. Mit dem Flugzeug wird der Fortschritt aufgerufen, mit dem Wecker gibt Frida verschlüsselt einen Verweis auf sich selbst: Die Uhrzeit ist ihre Signatur, es handelt sich um ein ab sofort immer wieder in ihren Bildern auftauchendes Chiffrespiel.[10] Schon jetzt trägt Frida als Zeichen ihrer mexikanischen Identität eine präkoloniale Jadekette und eine weiße mexikanische Bluse: Somit sind in der übersichtlichen Komposition Elemente von Vergangenheit, Gegenwart (die sich selbst darstellende Malerin) und Zukunft (symbolisiert durch das Flugzeug) vorhanden und erlaubt sich die Malerin den reflektierenden Blick auf ihre eigene Geschichtlichkeit.

Bei der Entstehung des Bildes waren Frida und Diego bereits verheiratet. Die Eheschließung zwischen der »Taube« und dem »Elefanten«, wie die beiden von Fridas Familie genannt wurden, wurde am 21. August 1929 im Rathaus von Coyoacán vollzogen. Entgegen der immer wieder kolportierten Aussage, Frida habe sich in provokativer Absicht das Kleid eines Dienstmädchens für diese Zeremonie ausgeliehen, weiß man heute auch anhand einer Fotografie, dass Frida ein von »kundiger Hand genähtes Hochzeitskleid« trug, keine Tracht, sondern ein dem ländlichen Stil verpflichtetes Kleid mit langem Rock und gerüschtem Saum.[11] Fridas Vater war der Einzige ihrer Familie, der neben den Trauzeugen an der Zeremonie teilnahm, die Mutter lehnte die nicht kirchliche Verheiratung ab. Wechselnde Varianten kursieren, wo im Anschluss der Hochzeitsempfang ausgerichtet worden sei. Auch Lupe Marín, inzwischen ebenfalls anders verheiratet, sei eingeladen gewesen und habe Frida gedemütigt, woraufhin Diego sich komplett betrunken, wild mit seiner Pistole herumgeknallt, einem Gast den Finger gebrochen und Einrichtungsgegenstände zertrümmert habe. Frida und er hätten sich daraufhin zerstritten, berichtet sie später, sie sei in ihr Elternhaus zurückgekehrt, wo sie ihr Mann einige Tage später dann wieder abgeholt habe.

Wenig später drohte Diego jedoch der Parteiausschluss aus der KP. Der Grund: Er sei zu wenig linientreu, habe zu viele Freunde in Regierungskreisen, zu viele Aufträge von Kapitalisten aus Nordamerika. Daher verließen die anderen Mieter (allesamt Künstler) das gemeinsame Haus am eleganten Paseo de la Reforma 104 in Mexiko-Stadt, ängstlich, auch für sie könnte es bei dieser engen Beziehung brenzlig werden. Anfang Oktober 1929 präsidierte Rivera selbst der Sitzung, in der er aus der Partei ausgeschlossen wurde. Frida verließ sie aus Solidarität gleich auch. Ihre eigenen Vorstellungen von kommunistischer Gleichheit verrieten die beiden nicht, aber dennoch: Sie waren in erster Linie Künstler – die Engstirnigkeit der Kader-Kommunisten war ihnen nicht gemäß.

Der große Aufbruch

Diego Rivera entwickelte, vermutlich weil in Mexiko die Anschlussaufträge ausblieben, plötzlich den Wunsch, im Land der politischen Feinde, in den USA, zu arbeiten. Frida musste indes noch im ersten Jahr der Ehe mit einem Seitensprung Diegos fertigwerden. Außerdem wünschte sie sich brennend, was sie bereits vor ihren Mitschülerinnen herausposaunt hatte: ein Kind von Diego Rivera. Sie wurde tatsächlich schwanger, erlitt jedoch zu Beginn des Jahres 1930 eine erste Fehlgeburt nach dem dritten Monat.

Erneut wurde das Malen für Frida in dieser Situation zur Therapie. Gleichzeitig beherrschte sie ab jetzt immer auch der Wunsch, malerisch die eigene *mexicanidad* zu demonstrieren. Seit diesem Jahr trug sie – aber nicht ausschließlich, denn sie war keine Puristin und hatte auch ererbte Kleidungsstücke gern, Capes etwa oder alte Kleider ihrer Vorfahrinnen – ausgesuchte mexikanische Trachten[12], und zwar mit Vorliebe solche aus der Gegend des Isthmus von Tehuantepec, wo die Frauen als schön, intelligent, tapfer, stark und sinnlich gelten – ein Gebiet des Matriarchats. Die These, dass diese neue Identifikationsfolie in dem Augenblick wichtig für Frida Kahlo wurde, als sie selbst sich als »defizitäre«, schwache Frau erleben musste, hat einiges für sich. Außerdem war diese Kleidung perfekt für Fridas Figur und kaschierte ihr zu dünnes rechtes Bein.

Die Tracht der Tehuana-Frauen besteht aus einer eng anliegenden Bluse *(huipil)* und einem langen, losen, überreich gefältelten und gestärkten Rock mit Bündchen. Die Tehuana-Frauen tragen auch Ketten aus Goldmünzen um den Hals, Goldkordelketten *(torzales)* sowie zu besonderen Anlässen einen repräsentativen Kopfschmuck aus reich gefalteten Spitzen, den *huipil grande* oder *resplandor*, »ein seltsames Hemdchen aus gestärkter gefältelter Spitze, mit rundem Halsausschnitt und einem breiten Spitzenbesatz«.[13]

Es existieren ein Selbstbildnis und eine Fotografie Fridas mit diesem Kopfschmuck, und auf zahllosen Bildern stellt sie sich in der Folge mit der Tehuana-Tracht dar, wobei wir wissen, dass sie traditionsgemäß darunter niemals Unterwäsche oder Strümpfe trug. Auch Fridas Frisur war inspiriert von der der Tehuana-Frauen: Sie flocht zwei Zöpfe, die entweder auf dem Rücken herabhingen oder mit einer großen Schleife (bei Frida wegen ihrer Liebe zur Natur auch oft mit einer oder mehreren Blüten) auf dem Kopf befestigt waren. Außerdem gehörten zu Fridas Aufmachung auch immer das passende Make-up, Nagellack und Schmuck: Sie hat sich wie ein lebendiges Kunstwerk inszeniert und dies bis zu ihrem Lebensende getan. Für sie war die Selbstverwandlung in eine Tehuana-Frau auf anderer Ebene vergleichbar mit dem, was für Diego das Sammeln präkolumbianischer Plastiken war: Es war ihr Versuch, eine wertschätzende Verbundenheit zum altmexikanischen Erbe herzustellen. Diego unterstützte das und schenkte ihr immer wieder neuen Volksschmuck, Ringe, Ohrgehänge und Halsketten. Auf diesem Wege gelang es den beiden, sich auffällig als Künstlerpaar zu präsentieren: Ein sehr großer, beleibter und im herkömmlichen Sinn hässlicher Maler neben einer aparten, kleinen, zarten, im Tehuana-Stil gewandeten Malerin. Das musste beeindrucken und tat es auch. Die Außendarstellung hätte gar nicht werbewirksamer sein können.

Die Verwandlung kam offenbar auch zur rechten Zeit, denn im November 1930 ging für Frida der große Jugendtraum in Erfüllung, die Reise in die USA. Sie fuhr an der Seite von Diego nach San Francisco, wo er einige Aufträge auszuführen hatte. Das exorbitant hohe Honorar von 4000 Dollar lockte den Maler, zog ihn ebenso an, wie ihn die Furcht vor den rigiden Maßnahmen der mexikanischen Regierung gegen Kommunisten abstieß. Die KP Mexikos war soeben verboten worden.

Frida malte als Dank für die Bemühungen zugunsten ihrer Einreise in die USA für den Sammler Albert Bender jedenfalls das sogenannte *Hochzeitsbild* (oder: *Ich und Diego Rivera)*, das heute im San Francisco Museum of Modern Art hängt. Das Bild zeigt links den Maler in seinem Arbeitsanzug mit dem breiten Patronengürtel, eine Palette mit Pinseln in der rechten Hand, mit der linken die Rechte Fridas haltend, die ein grünes, langes mexikanisches Kleid trägt und ihm nur bis zur Schulter reicht. Sie hat sich stark verkleinert auf dem Bild: In Wirklichkeit reichte sie dem Maler weit über die Schulter, maß 1,60 Meter und er 1,80 Meter. Von dem Bild geht aufgrund einiger grotesk wirkender Details eine seltsame Naivität aus, die jedoch sicherlich bewusst eingesetzt ist. Frida Kahlo wollte ihr Hochzeitsbild im mexikanischen Volkskunst-Stil malen und gleichzeitig zum Ausdruck

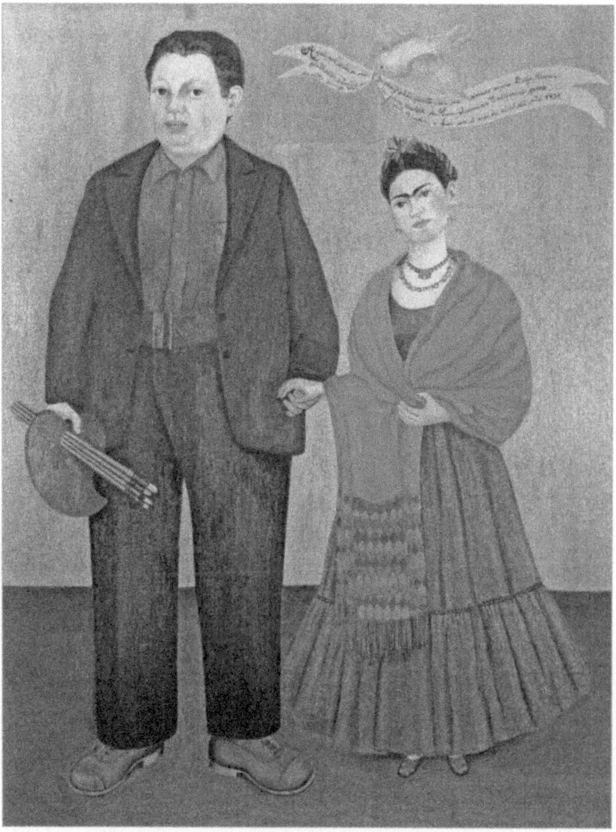

Ich und Diego Rivera, 1931

bringen, was ihr größter Wunsch innerhalb ihrer Beziehung zu Diego Rivera war: Diese zarte, kleine mexikanische Frau wird von dem großen, starken Mann mit dem wachen Blick beschützt.

Ihre Selbstdarstellung gibt genau das wieder, was Biografinnen und Zeitgenossen aus dieser Zeit von Frida berichteten: Sie sei anfangs in der Rolle der unterwürfigen Ehefrau aufgegangen. Eine seltsame Metamorphose also von der frechen Schülerin und aufmüpfigen Revolutionärin zur unselbstständigen Gattin. Wie lange konnte sie diese Selbstverleugnung aufrechterhalten?

Während Diego im *Palace of the Legion of Honor* erst eine wichtige Einzelausstellung hatte und dann zwei große Wandgemälde realisieren konnte, malte Frida während des achtmonatigen Aufenthalts in der gemeinsamen Wohnung in San Francisco. Das Bild des Pflanzenzüchters Luther Burbank und verschiedene ähnliche, die folgten, brachten Frida im Nachhinein von etlichen die Etikettierung ihrer Malerei als »fantastischer Realismus« ein, in den Augen anderer – zum Beispiel André Bretons – war sie jedoch ab sofort eine Surrealistin. Sie selbst ging hingegen davon aus, die Realität etwa des Luther Burbank darzustellen, sie lediglich in emblematischer Weise ins Bild zu bringen. Hierbei integrierte sie allerdings altmexikanische Vorstellungen etwa von der Anwesenheit des Todes im Leben und umgekehrt. Insofern war auch die Anwesenheit der Leiche auf dem Bildnis Luther Burbanks keine Mahnung an die menschliche Vergänglichkeit, sondern sollte lediglich im Bildganzen den unaufhörlichen Prozess gleichzeitigen Werdens, Blühens und Vergehens anschaulich machen. In Frida

Kahlos Vorstellung, die der vieler Mexikaner entsprach, waren Metamorphosen zwischen Natur und Kultur, zwischen den Menschen und ihrer Umgebung jederzeit möglich, und daher behauptete sie schlicht, dass sie ihre Realität bzw. ihre Wahrnehmung davon male, wie in einem Tagebuch, und dass sie keinerlei Verbindung zu Methoden und Theorien des Surrealismus sehe.[14] Anders als die Surrealisten erlebte Kahlo die mexikanische Landschaft als Seelenort und nicht als politisch-onirische Utopie.

Sehr zu Recht wird an Bretons Lesart auch kritisiert, dass man Frida Kahlo mit der Bezeichnung »Surrealistin« um die politische Dimension ihrer Malerei verkürzt, insbesondere wenn man sie auf eine Darstellerin vorwiegend weiblicher Erfahrungen eingrenzt (ausgehend von der Prämisse, dass Frauen dem Unbewussten näherstünden als Männer).[15] Früh hatte sie Riveras Rat beherzigt, bei sich selbst zu bleiben, was einen kompletten Verzicht auf Ideologien bedeutete, nicht jedoch auf Anleihen in der Kunstgeschichte.

Riveras Rat umfasste auch, dass sie beim kleinen Format bleiben solle, und bis auf wenige Ausnahmen hielt sie sich hieran. Diese Begrenzung ist nicht zuletzt ihrer »im Bett geborenen« Malerei geschuldet und der Analogie mit den Votivbildern, die im Mexiko der damaligen Zeit immer noch eine große Rolle bei allen überstandenen oder zu überstehenden Gefahren des Lebens spielten. Außerdem war Frida von jeher die Malerin der Miniatur, die analysierende »Ärztin«, die ihre Objekte unter das Mikroskop legte, genau betrachtete und dann wiedergab. Das beeinflusste ihre Technik, die mit feinsten Pinseln und minutiösen Strichen arbeitete und eine ganz glatte

Bildoberfläche erzeugte. Meist fokussierte sie sich auf ein Individuum und integrierte Naturelemente: der Mensch in einer ihm bzw. der Bildaussage entsprechenden Umgebung. Massenszenen, wie etwa Rivera sie mit Vorliebe gestaltete, waren ihr fremd. Während Frida eher einer Wissenschaftlerin glich, die eine Vivisektion durchführt, feierte Rivera malend ein Fest mit all seinen vielen Assistenten und Assistentinnen: Rivera war Historienmaler, während Frida individuelle Geschichten erzählte.

Ein weiteres Porträt, das im Zusammenhang mit ihrem San-Francisco-Aufenthalt entstand, war das des deutschstämmigen Arztes Leo Eloesser (1931). Zu dieser Zeit litt Frida bereits unter starken Beschwerden beim Gehen, die sich verstärkten, da sich ihr rechter Fuß immer weiter nach außen drehte und damit die Sehne überdehnt wurde. Sie konsultierte den Orthopäden und Chirurgen, der eine angeborene Rückgratverkrümmung und eine fehlende Bandscheibe diagnostizierte und Frida über lange Jahre in Briefen zur Seite stand. Bei ihm wie bei vielen anderen ließ Frida ihren Dank und eine intensive Beziehung in ein Porträt münden.

New York

Die Rückkehr nach Mexiko im Juni 1931 war eine große Freude für Frida. Ihre eigene Heimat war für sie trotz allen Chaos, aller politischen Schwierigkeiten positiv konnotiert, zahlreiche Verhaltensweisen der Oberschichtamerikaner kritisierte sie als oberflächlich, und die dort wahrgenommene Einteilung der Menschen in »wichtig« und »unwichtig« lehnte sie ohnehin ab.

In den Sommer 1931 fiel die Begegnung mit einem Mann, den Frida über zehn Jahre lang immer wieder treffen sollte, der sie liebte, dem sie jedenfalls im Brief ebenfalls die Liebe schwor: Es war der erfolgreiche Porträt- und Werbefotograf und olympische Säbelfechter Nickolas Muray (1892–1965), der die Farbfotografie und das Pigmentdruckverfahren weiterentwickelt und die vielleicht eindrucksvollsten Farbporträts von Frida Kahlo gemacht hat.

Diego lockte derweil eine große Einzelausstellung im New Yorker Museum of Modern Art, die am 23. Dezember 1931 eröffnet wurde. Die nächste Station der USA-Reise war dann im April 1932 das Detroit Institute of Arts. Rivera sollte Wandbilder über die moderne Industrie malen. Hier begehrten beide Künstler im Hotel gegen das dort verhängte Verbot für Juden auf. Allerdings gab es ein anderes Thema, das Frida noch mehr beschäftigte als alles andere, nämlich ihre neuerliche Schwangerschaft.

Sie habe den behandelnden Arzt im zweiten Monat um ein Medikament zur Abtreibung gebeten, schreibt sie an den vertrauten Arzt in San Francisco, Leo Eloesser. Frida Kahlo scheint, so entnimmt man dem Brief, entschlossen gewesen zu sein, das Kind von Diego Rivera, das sie sich einst in der Fantasie gewünscht hatte und das nun vielleicht Wirklichkeit werden könnte, nicht zu bekommen. Sie sah ein Kind in erster Linie als ihre Ehe gefährdend an. Wenig später jedoch entschied sie sich für das Kind, ohne allerdings Dr. Pratts relativ einfache Verordnung, viel zu ruhen, wenig auszugehen und sich stark zu schonen, umzusetzen. Lucienne Bloch, Künstlerin und Freundin des Paars, wurde von Diego, der sich wohlgemerkt gar kein Kind wünschte, eingeladen, mit Frida im Hotel in Detroit zu wohnen, um sie abzulenken und beruhigend auf sie einzuwirken.

Ende Juni dann wurde Fridas Gesundheitszustand besorgniserregend, und am 4. Juli 1932 erlitt sie ihre zweite Fehlgeburt. Die Rekonvaleszenz dauerte sehr lange. Frida war depressiv, eine Rückenmarkspunktion sollte Entlastung bringen. Rivera glaubte, seine Frau litte an Meningitis. Doch war Frida bereits mental mit der Verarbeitung dieser neuerlichen körperlichen »Niederlage«, wie sie es einschätzte, beschäftigt. Sie ließ sich von Diego ein medizinisches Nachschlagewerk geben, in dem sie erfuhr, wie ein Embryo im fünften Monat aussah, um auf dieser Grundlage ein Bild zu malen. Laut Diego Rivera war die Schwangerschaft in Detroit diejenige von Fridas insgesamt fünf Schwangerschaften, die für sie am verzweiflungsvollsten geendet habe. Das Bild, das daraufhin entstand, sei der Versuch einer Selbstheilung gewesen, und es sei ein Meisterwerk geworden, ein Werk ohne Vorbild in der Kunstgeschichte.

Das Bild *Henry Ford Hospital oder Das fliegende Bett* vom Juli 1932 war in der Technik der mexikanischen *retablos* gemalt, wie Diego es vorgeschlagen hatte, erneut ein kleines Bild in Öl auf einer grundierten Aluminiumplatte: Auf die Grundierung hatte sie die Umrisslinien mit Bleistift oder Tusche gezeichnet und dann Segment für Segment ausgemalt, wie bei einem Fresko. Diese Technik hatte sie sich von ihrem Mann abgeschaut. Auf dem Bild sieht man eine nackte, verweinte, schwangere Frau, die schon eine große Menge Blut verloren hat und in der deutlich Frida Kahlo zu erkennen ist. Sie liegt in einem Metallkrankenbett. Im Hintergrund sind Industriegebäude des Ford-Imperiums erkennbar. Dies sind die realistischen Elemente des Bildes. Dazu treten Objekte, die nur in Gedanken anwesend sind und mit denen Frida über roten Nabelschnüren gleichende Seile verbunden ist. Drei davon sind auf dem Boden angeordnet, drei davon über ihr, im Himmel. Am Boden rechts erkennt man die anatomische Abbildung eines Beckens, in der Mitte liegt eine lilafarbene Orchideenblüte (eine Vulvaanalogie) und links ein damals im Krankenhaus üblicher Dampfsterilisator. Vermutet werden kann, dass Frida das Nichtfunktionieren ihres Körpers durch diesen Apparat darstellen wollte. Im oberen Bildbereich sieht man links das rosafarbene Modell eines weiblichen Unterkörpers, rechts eine Schnecke, die mit ihrem Gehäuse in Mexiko als Symbol für die Schwangerschaft gilt, und in der Mitte zentral direkt über der Frida-Figur ihr verlorenes Kind, einen männlichen Embryo, überdimensioniert dargestellt, wie als übermächtigen Komplex, den die kleine, schwache Frau nicht mehr abschütteln kann. Im Spruchband, typisch für die mexikanischen *retablos*, sind Ort und Zeit des realen Geschehens der Fehlgeburt vermerkt: Juli 1932 im Henry Ford Hospital Detroit.

Ursache und Wirkung sind hier klar in Bildsprache übersetzt: Die Sexualität trug Frucht, aufgrund des deformierten Beckens, des durch den Unfall verletzten Uterus war es jedoch nicht möglich, dass das Kind im geschützten Schneckenhaus heranreifen konnte. Frida hatte mit einem defekten Mechanismus zu kämpfen. Die Darstellungsweise ist ein Mix aus Collage, den Elementen der *Biblia pauperum* und einer Bildreportage. Nichts also auch hier von surrealistischen, willkürlich zusammengebrachten Traumelementen. Die *retablos* oder *ex votos* haben inspirierend gewirkt: Von diesen besaß die Malerin eine eigene Sammlung, da sie nach der Kirchenschließung aufgrund der Mexikanischen Revolution leicht zu haben waren und sie sich künstlerisch stark von ihnen angezogen fühlte.

Der ikonografische Zusammenhang mit den christlichen »Krippenbildern« wird hier zugleich beschworen und verfremdet: Frida Kahlo weist sich als nicht religiös aus, postuliert, dass es in einer Industriegesellschaft keine Beziehung mehr zur Transzendenz geben kann, und gibt zu verstehen, dass die Medizin uns alles erklärt. Zwar spenden diese Erklärungen keinen Trost, aber Wissen ist erhellend.

Mit diesem Bild hat Kahlo eine bislang immer respektierte Tabuzone des Darstellbaren überschritten, und sie konnte das nur als Malerin ihrer selbst und der eigenen

Schmerzen. Aber zu Recht gilt sie deswegen auch als große Rebellin der Emanzipationsbewegung, da sich viele Frauen in der Folge beim Anblick eines solchen Bildes gestärkt fühlten in Leiden, die man bislang vor allen übrigen Menschen, vor Männern und der Öffentlichkeit zu verbergen hatte – den Leiden, die nur Frauen im Zusammenhang mit Geburt und Tod betreffen können.

Als wäre das Erlebnis der Fehlgeburt gleichzeitig so etwas wie die Geburt der sich ab sofort ernsthaft und konsequent entwickelnden Malerin Frida Kahlo gewesen, entstanden 1932 weitere Hauptwerke. So *Meine Geburt*: Das Bild zeigt eine auf einem Holzbett liegende Gebärende, über deren Kopf ein Laken geschlagen ist, zum Zeichen, dass sie unter der Geburt gestorben ist. Soeben kommt ein Säugling zur Welt, der unschwer als Frida Kahlo selbst zu erkennen ist. Die Gebärende ist also die eigene Mutter. Auch dieses Bild begann Frida in Detroit, immer noch unter dem Eindruck der Fehlgeburt. Die Fertigstellung konnte dort jedoch nicht gelingen, da sie erfuhr, dass ihre Mutter, die an Brustkrebs litt, im Sterben lag. In der Verschränkung von Realität und Kunst war dies eine Klimax in Frida Kahlos Leben.

Am 8. September traf Frida in Mexiko-Stadt ein. Wenige Tage darauf starb Matilde Kahlo, der Vater wirkte verwahrlost, hörte schwer und konnte die Geschehnisse nicht fassen. Fünf Wochen blieb Frida gemeinsam mit ihrer Freundin Lucienne Bloch in der *casa azúl*, nicht zuletzt um den Hausbau in San Ángel zu kontrollieren, den Diego in Auftrag gegeben hatte. Diego erwartete Frida derweil ungeduldig, und so reiste sie anschließend nach Detroit zurück und vollendete das Bild.

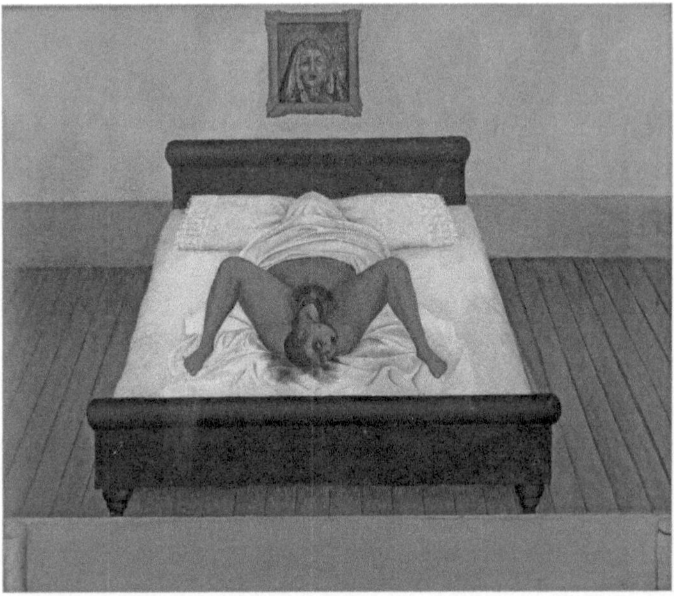

Meine Geburt, 1932

Durch den Verlust der Mutter und die Erkenntnis der Hilflosigkeit des Vaters war Frida verstärkt auf die Beziehung zu Rivera zurückgeworfen. Er äußerte jetzt, dass er keinen weiteren Versuch Fridas, ein Kind zu bekommen, billigen würde, was Frida als Zurückweisung ansah, obwohl es als Schutzmaßnahme für sie gedacht war. Auch war Rivera reizbarer geworden, vielleicht auch weil er durch eine Diät stark abgenommen hatte. Dadurch steigerte sich Fridas depressiver Zustand, der auch von der Sehnsucht nach Mexiko bestimmt war, während sich Rivera in einem wahren Arbeitsrausch befand.

Ein weiteres Werk Fridas ist Ausdruck ihrer damaligen Stimmung, *Selbstbildnis auf der Grenze zwischen Mexiko und den USA*. Erneut nutzte die Malerin den Freiraum der Kunst auch dazu, ein persönliches Problem öffentlich zu machen – ein ungeheuer modernes Verfahren, das damals noch nicht üblich war. Diesmal ging es ihr um den ungelösten Konflikt zwischen ihrer Sehnsucht nach ihrer Heimat und dem momentanen Zwang, im ungeliebten Land USA zu verharren.

New York sah das Paar Rivera-Kahlo im Frühling 1933 wieder, doch Diegos Fresko im Rockefeller Center stieß bei den Auftraggebern auf heftige Kritik, die sich keineswegs mit Lenin- und Trotzki-Porträts abfinden wollten. Schließlich erhielt er ein Ausfallhonorar und die Auskunft, dass seine Fresken im nächsten Jahr übermalt werden sollten.

Neben all diesen Querelen hatte er eine neue Beziehung aufgenommen, und Frida fühlte sich völlig verlassen. Ihre Konkurrentin, die Bildhauerin Louise Nevelson, lebte im selben Haus wie sie und ihr Mann, und Louise war auch an dem Fresko beteiligt. Aus dieser Zeit stammt ein Brief Fridas an Clifford Wight, Diegos Assistenten, in dem sie bedauerte, nicht wie zuvor auf ihre Liebesbeziehung zu der bisexuellen Georgia O'Keeffe (1887–1986) zurückgreifen zu können, da diese nach einem Nervenzusammenbruch lange im Krankenhaus lag und immer noch geschwächt war.[16] Die Liebesbeziehung ist aufseiten O'Keeffes allerdings nicht dokumentiert, wäre aber aus verschiedenen Gründen plausibel: Beide Frauen waren Malerinnen, die die Weiblichkeit und Sinnlichkeit als Themen bearbeiteten, beide waren mit wesentlich älteren Männern verheiratet (O'Keeffe mit Alfred Stiglitz).

Fridas Körper reagierte massiv auf die Vernachlässigung: Der rechte Fuß, Seismograf ihrer Psyche seit Langem, versagte seine Dienste, das Gehen wurde ihr jetzt so mühsam, dass sie fast nur liegen konnte. Und malen? Freunde mussten sie dazu motivieren, doch gelang Frida ein weiteres Meisterwerk: *Mein Kleid hängt dort* oder *New York*.

Es dauerte lange, bis Frida das Bild schließlich in Mexiko vollendete. Es stellt den damals in Frida wirkenden Konflikt dar: Unter einem neogriechischen Tempel (der Federal Hall), der im Bildzentrum thront, ist erneut die gesichtslose, menschenleere Hochhausarchitektur dargestellt. Im Vordergrund stehen zwei Säulen, auf der linken ruht ein weißes WC – hier dienten der Malerin sicherlich die aus der jüngsten Kunstgeschichte bekannten Vorbilder von Duchamps Urinoir (1917) und Edward Westons Foto eines WC (1924) als »Zitate« –, auf der rechten ein Pokal in Amphorenform. Dazwischen spannt sich eine Art Wäscheleine, an der Fridas Tehuana-Kleid hängt. Links vor der Säule brennt es am Boden, rechts steht ein zum Überlaufen gefüllter Mülleimer, im Hintergrund sind Industrieanlagen erkennbar, das Meer, die Freiheitsstatue; eine blonde Dame auf einem Balkon, vielleicht Mae West, zeigt sich hinter dem Klosett. So sieht Fridas Zivilisationskritik aus: Die Hygiene der Amerikaner einerseits, die Müllberge andererseits, die Freiheit einerseits, das Gefangensein in den Hochhaustürmen andererseits. Die Entfremdung der Menschen voneinander wird von der Malerin auch als Entfremdung von sich selbst wahrgenommen, weshalb dann nur noch ihr Kleid und nicht mehr ein Porträt ihrer selbst Zeugnis von ihr ablegt. Das Bild wird heute als avanciertestes Beispiel von Frida Kahlos Kulturkritik – und gleichzeitig ihrer Kritik an Diego Riveras Fortschrittsglauben – angesehen.[17]

Rivera wollte in »Gringoland« bleiben und weiter dort provozierende Bilder malen, sich allenfalls auch mit den Auftraggebern arrangieren. Frida jedoch strebte zurück nach Mexiko.

Sie obsiegte nach großen Kämpfen.

Die Ehekrise

Dieser Sieg sollte ihr jedoch kein Glück bringen, wenngleich das funktionalistische Doppelhaus in San Ángel, das Diego durch den befreundeten Architekten Juan O'Gorman errichten ließ, bezugsfertig war und für die Ehepartner jeweils einen eigenen Bereich vorsah. Die beiden Kuben sind lediglich durch eine Art Brücke verbunden, Fridas kleinerer Hausteil ist bis heute blau, der größere von Diego rosa gestrichen. Frida richtete ihr Haus und die gemeinsame Küche in Diegos Hausteil mit viel Liebe und Geschmack im mexikanischen Stil ein.

Sowohl Frida wie Diego litten zunächst unter einer künstlerischen und gesundheitlichen Krise: Für Diego war es eine Art Midlife-Crisis, er war umfassend unzufrieden. Vor allem warf er Frida vor, dass sie wieder in Mexiko waren. Daraufhin erkrankte Frida: Sie musste am Blinddarm operiert werden, wurde erneut schwanger, was mit einer Fehlgeburt im dritten Monat endete, und ließ sich einige Zehenglieder am immer stärker schmerzenden rechten Fuß abnehmen.

Fast zeitgleich erfuhr sie, dass Diego eine Beziehung zu ihrer Schwester Cristina aufgenommen hatte, die nach der Geburt ihres jüngeren Kindes von ihrem Mann verlassen worden war und im Blauen Haus in Coyoacán lebte. Cristina war eindeutig die Hübschere, Femininere der Schwestern, daneben hilfsbereit und großzügig.

Der jungen, einsamen Frau mag Riveras Interesse auch geschmeichelt haben. Und Diego beharrte auf der Rechtmäßigkeit seines Anspruchs auf totale Freiheit gerade auch in sexueller Hinsicht. Für Frida jedoch brach eine Welt zusammen. In ihrer Krankheit war diese neue Beziehung Diegos ein Tiefschlag für sie, sie erlebte sie als eine Herabwürdigung ihrer eigenen Person, sagte wörtlich, sie wäre ohne ihn nur ein Stück Dreck, nichts wert, zu nichts fähig, und käme nicht ohne ihn zurecht.[18]

Und doch gelang es Frida Kahlo, sich mit enormer Willenskraft zur eigenen malerischen Arbeit zu zwingen und ihre Gefühle zu unterdrücken, damit Diego Rivera auch wieder arbeiten konnte. Es war eine wirtschaftliche Notwendigkeit, denn Diego wollte (und musste) sowohl Frida als auch Cristina unterstützen. Ende 1934 hatte Frida dieses Ziel erreicht.

Gleichwohl setzte Diego Frida jetzt auch öffentlich herab, indem er auf seinem neuen Fresko für das Treppenhaus des Nationalpalasts von Mexiko-Stadt Cristina und ihre beiden Kinder in zentraler Position porträtierte: Christina hält auf dem Bild eine Petition in der Hand. Frida erscheint zwar auch, wird aber durch die elegant wirkende Cristina fast verdeckt – lediglich ihr Kopf ist noch zu sehen. Beinahe ist man geneigt anzunehmen, dass es diese unsensible Zurschaustellung des Persönlichen durch Diego war, die Frida nun an Trennung, vielleicht auch an Scheidung denken ließ.

Von Diegos Geld kaufte sie ein kleines Haus in der Avenida de los Insurgentes in Mexiko-Stadt und lebte dort allein, Diego kam nur gelegentlich zu Besuch. Und auch sie ging eine Affäre ein, mit Ignacio Aguirre (1900–

1990), der mit Rivera vieles gemein hatte: Er war Maler und Grafiker, er war linksorientiert und engagierte sich in der Arbeiterbewegung. Außerdem war er ein höchst attraktiver Mann. Dennoch strebte sie nach einer weiteren Distanzierung, vorübergehend auch nach einem größeren räumlichen Abstand: Mit den Freundinnen Mary Schapiro Sklar und Anita Brenner beschloss Frida im Juli 1935 spontan einen New-York-Besuch. Hier wollte sie Lucienne Bloch und das Ehepaar Ella und Bertram Wolfe treffen, mit dem sie schon per Brief die Beziehungsproblematik besprochen hatte. Welchen Rat ihr die Freunde gaben, ist nicht überliefert. Doch Frida schrieb Diego im Juli einen Brief, der ihre große Liebe zu ihm zum Ausdruck bringt:

> Warum begreife ich in meiner dämlichen Beschränktheit nicht, dass die Briefe, die Weibergeschichten, […] lediglich ein *Zeitvertreib* sind und dass *Du und ich* uns im Grunde genommen *von Herzen* lieben? […]
>
> Liebe mich ein kleines bisschen   Ich bete Dich an
> Frieda[19]

Ein wichtiges Werk aus ihrer Hand entstand in diesem Jahr 1935, erneut in der *retablo*-Technik auf Metall. Wieder ist die Szenerie ein Schlafzimmer, das Zentrum ein Bett. Es handelt sich um *Ein paar kleine Dolchstiche*, in dem sie einen Mord darstellt, über den man kurz zuvor in allen Zeitungen hatte lesen können: Ein Mann, der seine Frau wegen ihres Ehebruchs erstochen hatte, hatte der Polizei erklärt, dass er ihr lediglich »ein paar kleine

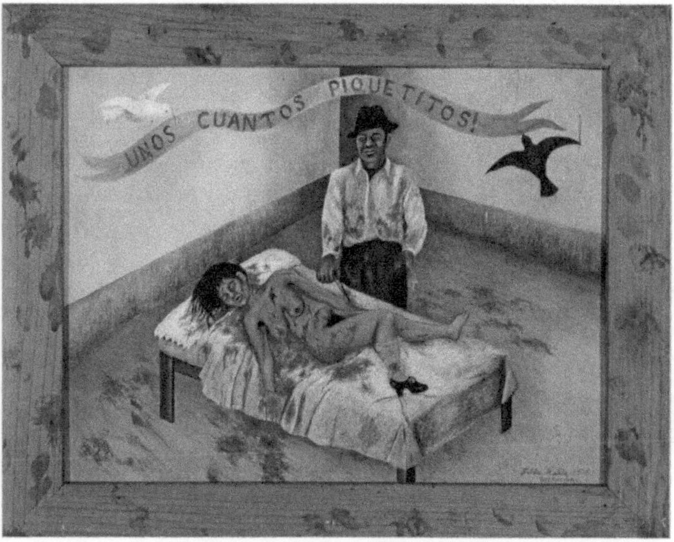

Ein paar kleine Dolchstiche, 1935

Dolchstiche« versetzt habe. Der Bildtitel schwebt als für das *retablo* übliches Spruchband, von einer weißen und einer schwarzen Taube getragen, über der Szene. Die Frau auf dem blutbesudelten Bett trägt lediglich einen schwarzen Stöckelschuh. Sie ist tot. Der Mann mit Hut hinter ihr hat einen blutigen Dolch in der Hand, auch sein Hemd weist Blutflecke auf. Sein Gesicht ist maskenhaft verzogen. Selbst den Rahmen des Bildes hat Frida Kahlo mit »Blut« bemalt, quasi als ob es aus dem Bild tröffe. Auch Einstichlöcher von einem Messer sind auf dem Holzrahmen erkennbar, ein weiteres Mittel, um die Realität des Geschehens für den Betrachter greifbar werden zu lassen.[20]

Die Parallele zur Situation der Malerin ist unübersehbar. Plausibel ist ihre Antwort auf Diegos Untreue und die Herabsetzung durch ihn in seinem Bild durch ein Bild von ihrer Hand: Es geht um eine vom Täter als Kleinigkeit geschilderte Tat, die ein den Rahmen sprengendes Ausmaß erreicht. Seelische Verletzungen hat Frida Kahlo in physische übersetzt – so funktioniert ihr Körper, so funktioniert auch ihre Kunst.

Was bedeutet das für die Malerin ihrer Schmerzen Ende 1935? Ist das Bild eine Art Bilanz ihrer Beziehung zu Diego Rivera?

Eher könnte es einen letzten Appell an Rivera bedeuten. In der Realität, innerhalb der Partnerschaft beider Künstler, war das Ergebnis, dass Frida mit Jahresende 1935 wieder nach Mexiko und in das Doppelhaus in San Ángel zurückkehrte. In der Kunst, dem gemeinsamen Haushalt und in der Politik waren sich die Ehepartner einig, erotisch gingen beide ab sofort eigene Wege, denn Frida hatte jetzt einen neuen Liebhaber, den amerikanischen Bildhauer und Designer mit japanischen Wurzeln Isamu Noguchi (1904–1988), der damals in Mexiko-Stadt ein Wandbild schuf …

Noguchi, das überragende Universaltalent, hatte die Liebe zu Frida wie ein *coup de foudre* getroffen, und sie fühlte sich sehr geschmeichelt von der vorbehaltlosen Hingabe dieses Mannes. Doch während Fridas Umgang mit den vielen Geliebten Diegos immer souveräner wurde, konnte Diego mit dieser Situation überhaupt nicht umgehen, zumal Noguchi hervorragend aussah und als kosmopolitischer Universalkünstler und Vorbildfigur Rivera überlegen war. Er soll von Diego Rivera sogar einmal im Krankenhaus, als er Frida besuchte, mit der Pistole bedroht worden sein, wie es kolportiert wird. Sie, die schon dabei war, in ihrer großen Krise Pläne für ein neues Leben mit Noguchi zu schmieden, der ihr sehr viel Selbstvertrauen schenkte, gab die Beziehung schließlich auf.

Als 2004 das Archiv der Malerin öffentlich zugänglich wurde, tauchten zwei Zeugnisse dieser Beziehung auf: ein Foto, wahrscheinlich ein Geschenk Noguchis an sie – der Maler, von Edward Weston fotografiert, 1935 irgendwo in Kalifornien –, und Noguchis Briefe. Sie sprechen von dieser Möglichkeit einer alternativen Liebe, davon, dass er sich allein fühlte ohne sie.[21] Frida Kahlo setzte bei diesen Amouren, die sie sowohl mit Männern wie mit Frauen einging und die sie sowohl brieflich wie über ausgetauschte Fotografien offenbar kultivierte und archivierte, sehr viel Fantasie und Zuwendung ein.

Dem Archiv sind außerdem Zeugnisse ihrer Beziehung

zu der Schweizer Malerin des Abstrakten Expressionismus Sonja Sekula (1918–1963) und ihrer Affäre Ende der 1930er-Jahre mit Pierre Combret de Lanux (1887–1955), dem Diplomaten, Schriftsteller und professionellen Redner sowie früheren Sekretär von André Gide, zu entnehmen. Inwieweit die Beziehung zu Tara Pandit (nach der Hochzeit Nayantara Sahgal), einer Nichte Nehrus, Ende der 1940er-Jahre auch eine erotische war, kann nicht mehr entschlüsselt werden.

Frida Kahlo benötigte für ein stimmiges Selbstbild unbedingt gerade auch im Hinblick auf ihre körperliche Erscheinung ein bewunderndes Gegenüber. Soweit Diego Rivera das nicht mehr in zureichendem Maße sein konnte oder wollte, versuchte sie sich solche Spiegel immer wieder anders zu verschaffen. Und ebenso wie sie bereits in ihrer Jugend ein promiskes Leben geführt hatte, griff sie es jetzt, als sie Diegos prinzipielle Untreue eingesehen hatte, wieder auf. Ebenso wie in der Jugend genoss sie erotische Beziehungen mit Männern und Frauen. Und Rivera förderte offenbar jede Beziehung Fridas zu einer Frau stark, in keinem Falle wollte er sie jedenfalls unterbinden.

Seit ihrer Rückkehr nach San Ángel öffnete sich das Haus Kahlo-Rivera insgesamt, verwandelte sich in einen anerkannten Künstler- und Intellektuellentreffpunkt. Auch betonten beide Partner ihr politisches Engagement aufs Neue. Im Haus verkehrten die nordamerikanischen Schriftsteller John Dos Passos und Waldo Frank, die Wandmalerin Aurora Reyes Flores, der Fotograf Manuel Álvarez Bravo mit seiner Frau Lola, die eine Galerie moderner Kunst betrieb und eine bedeutende Fotografin war, Ella und Bertram (Boit) Wolfe, die New Yorker Freunde, die Schauspielerinnen Dolores del Río und Paulette Goddard, die Dichterin Pita Amor, Lina und Arcady Boytler, Tieraktivistin und Filmproduzent, der Leiter des Orquestra Sinfónica Nacional (México) Carlos Chávez und viele andere.

Das Namedropping bedeutet jedoch nicht, dass weniger Berühmte nicht zugelassen waren. Das Ehepaar schätzte die Gastfreundschaft als menschlichen Wert. Fridas langer Esstisch war ein Ort, an dem alle gleich behandelt wurden. Er war mit Blumen, Früchten und schönstem mexikanischem Tongeschirr gedeckt. Statt Kindern bevölkerten jetzt unterschiedliche Tiere das Haus: etwa die Klammeräffchen, die sich den Gästen auf die Köpfe setzten und sich ihren Teil von der opulenten Tafel stahlen.

Doch leider kam es zu starken Trübungen dieser scheinbar ewig heiteren Gesellschaften ... Im Jahr 1935 erfolgte ein erster Attentatsversuch, dessen eigentliches Ziel Frida Kahlo hätte sein sollen, dem aber beinahe ihre Schwester Cristina, die man mit Frida verwechselte, zum Opfer gefallen wäre. Es scheint, dass der deutsche Botschafter gedungene Mörder auf Rivera angesetzt hatte, weil der sich weiterhin als Kommunist bezeichnete, gegen den Faschismus polemisierte und insgesamt als Persona non grata galt. Mit dem Anschlag auf seine Frau hoffte man den Maler mehr zu treffen, als wenn man ihn selbst attackiert hätte.

Cristina arbeitete jetzt als Riveras Sekretärin, während Frida das Geld verwaltete, das Diego verdiente. Ein Familienbetrieb, von dem alle profitierten, spielte sich ein.

Die Affäre mit Trotzki und zwiespältige Erfolge

Fridas persönliche und künstlerische Entwicklung setzte sich unterdessen fort. 1936 gelang ihr ein kleines, aber bedeutendes Bild, mit dem sie sich erneut als Tabubrecherin auswies. Diesmal thematisierte sie ihren Stammbaum: *Meine Großeltern, meine Eltern und ich* ist auf Metall in Öl gemalt und hängt heute im Museum of Modern Art in New York. Auf diesem Bild ist die *casa azúl* erkennbar. Hinter einem Obstbaum im Innenhof steht eine kleine nackte Frida als Kind. Ringsum sieht man die karge mexikanische Landschaft. Das im Vergleich zum Haus überdimensionierte Mädchen hält ein zu einem Knoten geschlungenes rotes Band in der Hand, dessen zwei Enden nach oben führen, darüber schweben die Brustbilder ihrer Eltern. Der Mutter hat sie auf das weiße Kleid einen Embryo gemalt. Unter ihr, auf der Erde, sieht man, wie eine Eizelle soeben von einer Samenzelle befruchtet wird. Das rote Band steht also für eine Blutbahn. Damit verdeutlicht sie, was sonst auf keiner Abstammungstafel thematisiert wird: dass Sexualität die notwendige Voraussetzung für eine Ahnenreihe ist. Mit der Abbildung ihrer mexikanischen und deutschen Großeltern begibt sie sich in die weitere Vergangenheit. Nicht zuletzt stellt sich Frida auch als von deutschen Vorfahren abstammend dar, was im Jahr 1936 einem mutigen Akt gleichkam.

Frida und Diego befanden sich ohnehin auf Abweichlerkurs: Diego trat in diesem Jahr der sehr kleinen Trotzkistischen Partei Mexikos bei, die lediglich auf einige Intellektuelle und Gewerkschaftler rechnen konnte, dafür zum Ausgleich auf höchstes persönliches Engagement ihrer Mitglieder. Dieser Schritt bedeutete einen Kampf an vielen politischen Fronten gleichzeitig: gegen die Stalinisten, gegen die Konservativen und gegen die Nationalsozialisten. Frida selbst trat nicht dieser Partei bei, unterstützte Diegos Beteiligung jedoch. Daher konnte er ihre Mithilfe voraussetzen, als im November 1936 per Telegramm die Anfrage aus New York eintraf, ob Rivera bereit wäre, für den nach verschiedenen Exilstationen seit 1928 (in der Türkei, Frankreich und Norwegen) erneut ausgewiesenen Leo Trotzki und seine Frau in Mexiko Asyl zu beantragen. Riveras Petition an Präsident Cárdenas wurde erstaunlicherweise stattgegeben.

Da Diego Anfang Januar 1937 bei Ankunft der Trotzkis gerade im Krankenhaus lag, nahm Frida das Paar am Hafen Tampico in Empfang. Unter größter Geheimhaltung erfolgte im Schutze der Nacht das Eintreffen der Trotzkis in Mexiko-Stadt samt ihrer Unterbringung in der *casa azúl*, die Rivera dem Paar als Aufenthaltsort gratis zur Verfügung stellte. Fridas alter Vater lebte damals als Einziger noch dort. Frida ließ die nach außen gehenden Fenster mit Lehmziegeln vermauern, stellte eigene Dienstboten zur Hilfe ab und fungierte als Übersetzerin (ins und aus dem Englischen, das Trotzki beherrschte).

Ein Bewachungsdienst rund um die Uhr durch Mitglieder der Trotzkistischen Partei wurde organisiert.

Auch die Anhörungen durch die sogenannte unabhängige Dewey-Kommission fanden in der *casa azúl* zwischen dem 10. und 17. April 1937 statt (Frida konnte zuhören) – der Kommissionsbericht stellte im September 1937 Trotzkis Unschuld fest und prangerte die fehlende Rechtsstaatlichkeit in der Sowjetunion an.

Frida Kahlo nahm an dem revolutionären Denker eine Eigenschaft wahr, die sie von Rivera kannte: Auch er war ein unablässig Arbeitender. Dennoch unternahmen sie einige gemeinsame Ausflüge. Während Cristina Kahlo eindeutige Anträge des – ebenso wie Rivera – erotisch interessierten siebenundfünfzig Jahre alten Trotzki zurückwies, ging Frida auf seine Avancen, seine Briefe und seinen intellektuellen Charme ein. Eine Geheimhaltung war unter den waltenden Umständen schlecht möglich, und für Natalja Trotzki bedeutete diese Affäre ein Drama, während sie für Frida nur ein neuerlicher *thrill* war, gefährlich und faszinierend gerade in dem Bewusstsein, dass es keine Zukunft gäbe.

Schon Ende des Sommers 1937 war die Sache für Frida nicht mehr von Interesse, und gewissermaßen als Abschiedsgeschenk überreichte sie dem Ex-Liebhaber zum Geburtstag am 7. November 1937 eines ihrer berühmten Selbstbildnisse, das sie ihm widmete, wie sie allzu gern Fotos von Liebhabern beiderlei Geschlechts oder Bildnisse aufbewahrte, aber auch an sie verschenkte. Das *Selbstbildnis Leo Trotzki gewidmet* ist mit 87 mal 70 Zentimetern doppelt so groß wie die meisten ihrer übrigen Werke.

Dieses Bild sah André Breton ein Jahr nach der Entstehung in Fridas Atelier. Der Künstler war gemeinsam mit seiner Frau Jacqueline vom französischen Außenminister auf eine Vortragsreise durch Mexiko entsandt worden[22] – sein wichtigstes Anliegen war es jedoch, Leo Trotzki persönlich kennenzulernen. Seiner Bildbeschreibung fügte er als Abschluss eine Einschätzung ihrer Werke insgesamt an, die er mit dem viel zitierten abschließenden Satz beendete, dass die Kunst Frida Kahlos wie ein farbiges Band um eine Bombe sei.

Die Jahre 1937 und 1938 waren äußerst produktiv für die Malerin. Und das, obwohl sie erneut große Probleme mit ihrem rechten Fuß hatte und eine weitere Operation über sich ergehen lassen musste. Im Brief an die Freundin Ella Wolfe fällt der entscheidende und bezeichnende Satz, nachdem sie die Ärzte, denen sie letztlich die Schuld an ihren Leiden gab, noch einmal ungeschoren davonkommen lassen wollte: »Dafür habe ich mich in eine ›Heilige‹ verwandelt, voller Geduld und allem, was diese besondere Gattung auszeichnet …«[23]

Wieder entstanden Selbstbildnisse, dazu ihr einziges Einzelporträt Diego Riveras, aber auch etwa ihr erstes erhaltenes Stillleben *Früchte der Erde*, das bereits die später immer deutlicher hervortretende Sensualisierung der gemalten Früchte aufweist, da sie teilweise an männliche und weibliche Geschlechtsorgane erinnern. Fruchtbarkeit, Vergehen sowie die mexikanische Identität waren die Themen dieser Stillleben.

Das berühmteste Bild dieser Zeit jedoch, das André Breton – fast müsste man sagen: natürlich – für den Surrealismus vereinnahmen wollte, wie das gesamte Mexiko, das er als surrealistisches Land per se ansah, war *Was ich im Wasser sah* oder *Was mir das Wasser gab* (1938, Öl auf

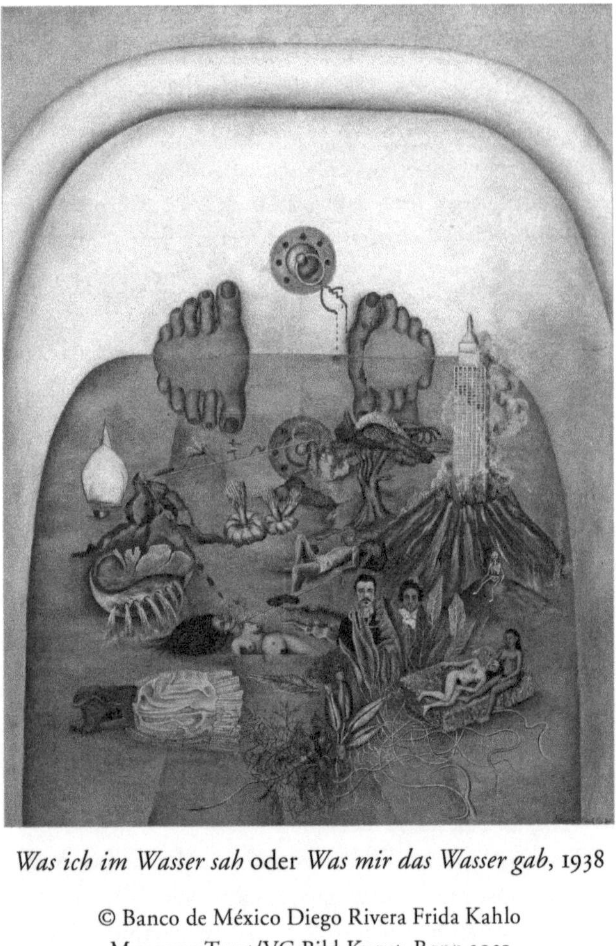

Was ich im Wasser sah oder *Was mir das Wasser gab*, 1938

Leinwand). Es ist eigentlich ein Selbstporträt der badenden Frida, jedoch in einer radikalen Dekonstruktion des in der Kunstgeschichte bekannten Sujets, bei dem sonst lustvoll der nackte Körper zur Schau gestellt wird: Hier ist das Bild aus der Perspektive der Badenden gemalt, das Objekt der voyeuristischen Lust wird selbst zum Voyeur. Dementsprechend sieht man nur die Beine und Füße der Malerin (also die für ihr Leben und Leiden zentralen Körperteile). Daneben flottieren verschiedene Motive, Lebensereignisse oder Vorstellungen auf dem Badewasser – zum Teil Wiedergänger in ihrem Werk: Da erheben sich die eigenen Eltern aus dem Wasser, da lieben sich eine hell- und eine dunkelhäutige Frau auf einem Ruhebett (demnächst sollte ein Bild mit identischer Thematik, *Zwei Akte im Wald*, entstehen). Mehrere Darstellungen des Todes sind eingefügt: Ein kleines Skelett auf einem kahlen Hügel (noch im selben Jahr erschien es wieder auf einem wichtigen Gemälde, *Vier Einwohner der Stadt Mexiko)*, ein toter Vogel, an einen Baum genagelt (eine Kopie des Vogels aus dem Bild *Der Garten der Lüste* von Hieronymus Bosch), eine nackte weibliche Leiche, erdrosselt – sie gleicht aufs Haar der Frida-Gestalt auf dem Bild *Henry Ford Hospital* von 1932, nicht zuletzt schwimmt vor der sich Malenden das Tehuana-Kleid, das Frida bereits 1937 auf dem Bild *Erinnerung* gemalt hatte und das sie besonders liebte. Dazu treten ein (auch schon zuvor mehrfach dargestellter) Wolkenkratzer, der sich aus einem Vulkan erhebt, und zahlreiche Muscheln, Blüten, phallische Symbole und Vulven, sie symbolisieren in fragmentierter Form ihre Selbstwahrnehmung.[24] Es geht um eine Mischung gleichzeitig wichtiger Identitätssymbole:

die *Mexicanidad*, die Abstammung, Leben, Weiblichkeit, Sexualität, Sterben und Vergehen sowie eine umfassende Zivilisationskritik. Nicht zuletzt ist die Darstellung des rechten, kranken Fußes wichtig – er blutet. Künstlerische Bilanz, Eingeständnis der Verstrickung in die eigene Biografie und Vorahnung des Künftigen im Leben und in der Kunst vereinigt dieses Bild in idealer und für Kahlo typischer Weise.

Ihre größte Genugtuung in diesem Jahr war, dass man sie im Herbst 1938 zu einer kleinen, feinen Ausstellung in die Galerie von Julien Levy nach New York einlud, wo sie zwischen dem 1. und 15. November dreißig ihrer Werke präsentieren sollte. Sie zeigte sich erstaunt über das Angebot. Es sei dahingestellt, inwieweit Frida tatsächlich gern und gerade im Vergleich mit Diego Rivera ihre »Amateurmaske« aufsetzte und selten zugab, wie ernst sie das Malen inzwischen nahm. Es scheint jedoch ein wichtiger Charakterzug Kahlos gewesen zu sein, gerade das Bedeutsame als »quantité négligeable« darzustellen – immer wieder versuchte sie offenbar, ihre selbst empfundene Andersartigkeit auch durch unerwartete Reaktionen zu unterstreichen.

Im Beziehungsgefüge zwischen Rivera und Kahlo wurde es für sie immer wichtiger, sich von ihrem Maler-Ehemann auch als Malerin abzusetzen. Rivera galt als Workaholic, sie kultivierte daher den Faulheitskult. Rivera stellte die Massen im Profil dar, sie wählte daher die einzelne Person, fast durchgängig in Frontansicht. Er kümmerte sich um die große Geschichte und die Utopien der Menschheit, sie stellte daher ihre Probleme und ihr Leid dar. Er favorisierte die großen Formate und die Wandmalerei, sie spezialisierte sich daher auf kleine Tafelbilder. Doch auch für Rivera wurde in diesen Jahren alles anders, da seine Augenerkrankung ihn zwang, große Freskenaufträge abzulehnen und er nur noch kleine Werke hervorbrachte.

Mit Rivera war Frida nach der Trennung von Trotzki übereingekommen, dass man einander die größtmögliche Unabhängigkeit gewähren wollte. Frida, in dem Wissen um Diegos Eifersuchtspotenzial, baute ab sofort einen Wall der Heimlichkeit um neue Affären auf, um ihn nicht zu verletzen. Die Ausstellung in New York und die damit verbundene Distanz kamen ihr wahrscheinlich auch deshalb gelegen. Diego unterstützte das Unternehmen, indem er Entrée-Briefe nach New York schrieb und Kunden für ihre Bilder organisierte. Einen der ersten fand er in dem Filmstar Edward G. Robinson, der auf seiner Mexiko-Reise in Diegos Atelier vorbeischaute – um dann bei Frida gleich vier Bilder zu kaufen.

Die Erfahrung, dass sie mit ihrer Kunst auch Geld verdienen konnte, begeisterte sie, denn sie stellte sich vor, mit eigenem Geld künftig eigene Pläne umsetzen zu können: Anders als in den ersten Ehejahren litt sie mittlerweile unter der ökonomischen Abhängigkeit von ihrem Ehemann.

Und entsprechend selbstbewusst vermochte sie sich in New York als unabhängige Frau, die in Trennung von ihrem Ehemann lebte, zu präsentieren. Der Galerist Julien Levy, der so gut wie jeden wichtigen surrealistischen Künstler schon ausgestellt hatte, verliebte sich jedenfalls umgehend in sie. Derweil bereitete Rivera die Einladungsliste für ihre Ausstellungseröffnung am

1. November vor. Trotz seines Zerwürfnisses mit ihnen setzte er sogar die Rockefellers darauf.

Die Kritik und das Publikum lobten gleichermaßen die fünfundzwanzig bis dreißig Bilder[25], die in New York gezeigt wurden. Etliche davon wurden verkauft, und sowohl in der *Vogue* wie in *Life* erschienen Berichte. Frida erlebte die New Yorker Zeit in Hochstimmung, konnte es gar nicht fassen, wirtschaftlich plötzlich, wenn auch vielleicht nur vorübergehend, auf eigenen Füßen zu stehen. Und das, obwohl sie ein Bild von einer Auftraggeberin zurückerhielt, weil diese so schockiert davon war.

Es handelte sich um *Der Selbstmord der Dorothy Hale*, vereinbart als ein Erinnerungsbild an die Freundin der Auftraggeberin. Doch Frida Kahlo nutzte die Kenntnis vom schrecklichen Selbstmord Dorothy Hales im Oktober 1938, um statt eines Porträts der Verstorbenen deren Suizid in drei Szenen auf ein und demselben Bild zu gestalten, und sie setzte erneut realistisch gemaltes Blut ein, das aus dem Bild über den Rahmen hinausläuft. Sollte sich Kahlo überhaupt nicht an den Wünschen der Auftraggeberin orientiert haben? Mit Sicherheit hatte sie eines von Diego Rivera gelernt: was künstlerische Autonomie bedeutete. Dass diese sich auch gegen Wünsche und Erwartungen von außen durchzusetzen hatte. Die Selbstmörderin war ungefähr im gleichen Alter wie sie selbst gewesen, und wahrscheinlich hatte Frida Kahlo sich stark mit dieser komplett von ihrem Mann, einem Porträtmaler, abhängigen Frau identifiziert.

In diesen New Yorker Aufenthalt fiel auch die Wiederaufnahme ihrer intensiven Liebesbeziehung mit Nickolas

Muray, der inzwischen auch als Sportflieger und Zeitungskritiker brillierte. Frida brauchte Muray – und andere – als Liebhaber, doch sie liebte Diego Rivera. Er war letztlich der emotionale Hintergrund, vor dem Frida ihre Freiheit überhaupt lernte zu leben. Diego war ihr Vater-Lehrer-Mann-Kind, kurz, ihre ganze Familie geworden und bestätigte Frida darin, auch die in Aussicht stehende Ausstellung in Paris zuzusagen.

Eines jedoch war in der New Yorker Hochstimmung schrecklich für Frida: die wachsende Einschränkung durch das kranke rechte Bein. Immer weniger vermochte sie zu laufen und musste erneut ärztlichen Rat einholen. Insofern war die Perspektive, an die New Yorker Ausstellung eine in Paris anzuschließen, einerseits durchaus lockend für Frida Kahlo, andererseits aber auch mit angstvollem Zweifel besetzt, ob sie den Strapazen körperlich gewachsen sein würde. Diego Rivera schrieb ihr allerdings aufmunternde Zeilen.

Und wirklich reiste Frida 1939 gen Paris, sie kam am 21. Januar in Le Havre an. Anders als mit dem Profi Julien Levy als Ausstellungsmacher in New York war die Arbeit mit André Breton jedoch chaotisch: Weder hatte er eine Galerie organisieren können, die Fridas Bilder ausstellen wollte, noch diese beim Zoll abgeholt. Marcel Duchamp trat hier als rettender Engel auf, aktivierte die Galerie Renou et Colle, transportierte die Bilder dorthin und vermittelte Frida die notwendige Ruhe. Obwohl sich Frida eigentlich mit Jacqueline Lamba, Bretons Frau, als Freundin und wahrscheinlich Liebhaberin wohlfühlte, erkrankte sie und glaubte, sich in der engen und unsauberen Wohnung der Bretons, bei denen sie lebte, eine

Infektion zugezogen zu haben. In prekärem Zustand wurde sie in das amerikanische Krankenhaus eingeliefert. Sicherlich war sie auch enttäuscht über Bretons neues Ausstellungskonzept, das nicht sie in den Mittelpunkt stellte, sondern seine surrealistische Sicht auf Mexiko. Hier war sie nur ein Baustein von vielen, neben präkolumbianischen Objekten, Volkskunst aus Mexiko, Bildern aus dem 18. und 19. Jahrhundert und Fotografien von Manuel Álvarez Bravo, mehr nicht.

Duchamps amerikanische Lebensgefährtin Mary Reynolds bot Frida glücklicherweise an, nach der Entlassung aus dem Krankenhaus zu ihr umzuziehen, der Aufenthalt mag etwa acht Tage gedauert haben. Was jedoch erst seit Kurzem bekannt ist:[26] Sie zog dort nicht alleine ein, sondern mit ihrem neuen Liebhaber Michel Petitjean, einem Allroundtalent, der im Pariser Ethnografischen Museum gearbeitet hatte, aber auch Agrarwissenschaftler war, Kunst liebte und mit der Muse von »tout Paris«, Marie-Laure de Noailles, eine Liebesbeziehung unterhielt, weshalb er ein Zimmer in ihrem eleganten Pariser Hôtel bewohnen durfte. Außerdem sollte er Fridas Ausstellung bei Renou et Colle organisieren. Er war damals neunundzwanzig Jahre alt, drei Jahre jünger als Frida. Am Ende dieser wahrscheinlich sehr intensiven, aber geheimen Affäre stand eine Trennung und ein Geschenk vonseiten Fridas: Das Bild *Das Herz*, auf dem sie sich durchbohrt von einer metallischen Stange malte, auf dem ein Herz am Boden vor ihr liegt, schenkte sie ihm auf seinen Wunsch – er durfte sich eines der ausgestellten Werke aussuchen. Das Bild sollte eine bleibende Erinnerung an sie für ihn sein – auf keinen seiner Briefe nach ihrer Rückkehr hat sie je geantwortet, sie sahen sich auch nicht wieder.

Am 10. März 1939 fand die Eröffnung der Ausstellung *Mexique* statt. Siebzehn Bilder Fridas, zahlreiche Fotografien von Manuel Álvarez Bravo und etliche Objekte aus Bretons eigener Sammlung mexikanischer Volkskunst bildeten das ausgestellte Ensemble. Eines der Werke, *Selbstbildnis. Der Rahmen*, auf dem Frida mit einer großen gelben Blüte im Haar dargestellt ist, hängt heute im Centre Pompidou in Paris, es wurde damals vom Louvre als das erste Werk eines mexikanischen Künstlers des 20. Jahrhunderts angekauft. Ansonsten konnte Frida in Paris allerdings so gut wie kein Bild verkaufen. Über die Eröffnung selbst berichtete Kahlo an die Freunde Wolfe: »Beim *opening* war unzähliges Volk da. Es gab viele Gratulationen für die Chicua[27], unter anderem eine kräftige Umarmung von *Joan Miró*, großes Lob von *Kandinsky* für meinen Malstil, Glückwünsche von *Picasso*, Tanguy, Paalen und anderen Großkopferten des Surrealismus. [...].«[28] Eine nicht mehr genau zu rekonstruierende Begegnung mit einem jungen Trotzkisten, der sich Mornard nannte und gegen den sie instinktiv Abneigung empfand, verschwieg sie lieber, während sie gleichzeitig zärtliche Liebesbriefe an ihren »bezaubernden Nick« Muray schrieb, dem sie auch ihre Abscheu vor den französischen »Kanaillen« mitteilte, wie sie die Surrealisten, Breton allen voran, titulierte, insbesondere wegen ihrer Behauptung, »links« zu sein, obwohl sie sich parasitär von reichen Leuten aushalten ließen. Für Frida Kahlo war es kein Wunder, dass Europa, wie sie es beobachtete, und das Vorkriegsparis mit seinen großen Freiräumen für die

Boheme politisch im Niedergang waren: »Es war sinnlos hierherzukommen, nur um zu sehen, warum Europa vor die Hunde geht und wie diese ganzen Taugenichtse den Hitlers und Mussolinis Tür und Tor öffnen.«[29]

Ihr eigener Wunsch als junges Mädchen, zu reisen, um die Welt kennenzulernen, wurde sowohl aufgrund der Erfahrungen in den USA als auch derjenigen in Europa, wo die Intellektuellen und Künstler selbst im Angesicht des politischen Abgrunds eines bevorstehenden Weltkriegs unfähig zu konkreten Widerstandshandlungen waren, in ihren Augen obsolet. Sie sah Mexiko immer stärker als ihre geistige und emotionale Heimat an, die sie auch aus künstlerischen Gründen nicht entbehren konnte.

Trotz aller Verunsicherung: Kreativität

Frida reiste nach der Pariser Ausstellung am 25. März nach New York, um Nickolas Muray wiederzusehen. Dessen Entscheidung, sich von ihr zu trennen, kam für sie völlig unerwartet. Für Muray war diese Beziehung mit sehr viel Hoffnung auf Dauerhaftigkeit verbunden gewesen, die Frida wohl immer wieder durch Briefe und Treffen schürte, aber nicht einzulösen gewillt war. Erst als ihm deutlich wurde, dass Kahlo sich nicht freiwillig von Rivera trennen würde, beendete er die Beziehung zu ihr und entschied sich recht prompt, eine andere Frau zu heiraten. Das allerdings verschwieg er ihr. Niedergeschlagen reiste Frida im April 1939 nach Mexiko zurück.

Dort stellte sich heraus, dass sie und Diego sich nach sechs Monaten Trennung auseinandergelebt hatten. Hinzu traten weitere Probleme: Diego hatte sich in ihrer Abwesenheit aus politischen Gründen mit Trotzki überworfen. Er war sogar infolgedessen Anfang 1939 aus der IV. Internationalen ausgetreten. Trotzki hatte seine Beziehung zu Rivera öffentlich für beendet erklären lassen und die *casa azúl* verlassen, da er ihn für einen Schergen Stalins hielt, der sein Leben bedrohte. Rivera stellte später seine Trennung von Frida im Sommer 1939 und die Scheidung gegen Ende des Jahres zumeist als von seinem Wunsch geleitet dar, sie vor politischer Verfolgung zu schützen. Erst in zweiter Linie machte er geltend, dass er nicht auf andere erotische Beziehungen zu Frauen verzichten konnte, die Frida in der Regel als ihm nicht gemäß abqualifizierte. Nie jedoch, so Diego Rivera wiederholt in späteren Gesprächen und Interviews, habe er aufgehört, Frida zu lieben.

Schon im Sommer 1939 zog sie aus dem Doppelhaus in San Ángel aus, zurück in die *casa azúl*. Im September beantragte das Paar einvernehmlich die Scheidung, die am 6. November ausgesprochen wurde.

Für Frida begann, quasi wie auf Knopfdruck, eine Phase unerträglicher Schmerzen: Ihr Rücken reagierte, und prompt verordneten die Ärzte »stützende Maßnahmen«. Ein weiterer orthopädischer Apparat also, außerdem wurde sie mit einem Zwanzig-Kilo-Gewicht gestreckt. Sie griff, wie schon vor der Ausstellungstour, zu hochprozentigem Alkohol, um sich zu betäuben, wurde daraufhin depressiv, nicht zuletzt wegen finanzieller Schwierigkeiten. Rivera unterhielt derweil gleichzeitig mit zwei Frauen, der Malerin Irene Bohus und der Schauspielerin Paulette Goddard, Beziehungen. Dennoch sahen sich die geschiedenen Eheleute regelmäßig, dennoch erledigte Frida weiterhin Diegos Korrespondenz und Administratives und half ihm bei seinen Verkäufen.

Es gelang ihr in diesem für sie schwierigen Jahr 1939 trotzdem, zwei bedeutende Bilder abzuschließen: *Zwei Akte im Walde*, eine Weiterentwicklung der Szene der zwei sich liebkosenden Frauen auf dem Bild *Was mir das Wasser gab*, und *Die zwei Fridas*, ihr wohl berühmtestes Bild, an dem sie drei Monate lang arbeitete, das sie kurz nach der Scheidung fertigstellte und das heute im Museo de Arte Moderno in Mexiko-Stadt hängt.

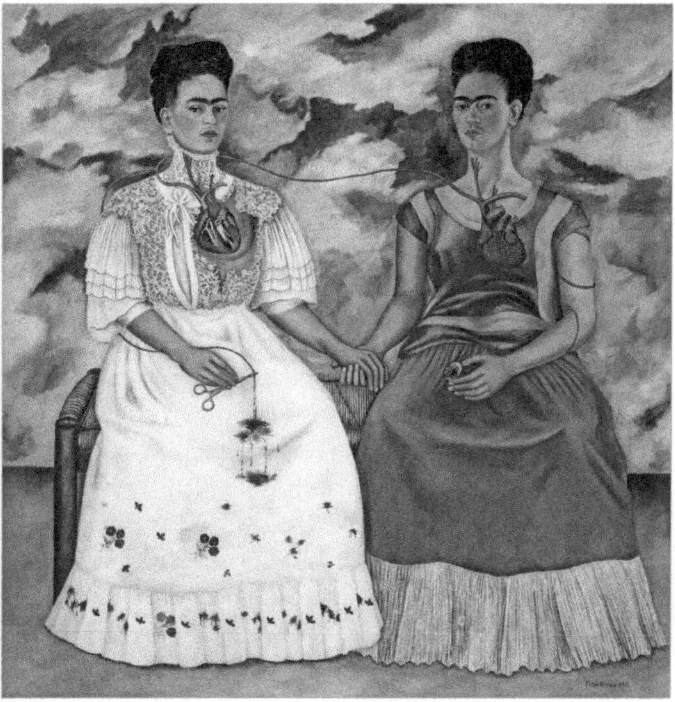

Die zwei Fridas, 1939

Während das erste Bild für die Malerin ihrer selbst einen alternativen Lebensentwurf imaginiert, die harmonische Beziehung zweier sich liebender Frauen, ist das zweite Bild erneut ein Selbstbildnis der besonderen Art: Mit 173,5 mal 173 Zentimetern ist es ein sehr großes Werk, eines ihrer größten – wie sie überhaupt nun, getrennt von Diego, plötzlich die großen Formate für sich entdeckte. Die Malerin stellt sich gleich zweimal dar, vor einem Fantasiehintergrund von stilisierten Gewitterwolken auf grünem Himmel. Die linke Frida ist eine eher europäische Person, hat einen blassen Teint, keinen Oberlippenbart und trägt ein viktorianisch bis kolonial anmutendes weißes Kleid mit Spitzen, die das Oberteil verzieren. Diesen Kleiderstil der mexikanischen Oberschichtdamen unter Präsident Díaz kultivierte Frida Kahlo seit ihrer Heirat mit Rivera immer bei formalen Anlässen, wenn sie auf ihre Volkstracht verzichtete. Diese elegante Frida reicht der anderen in Tehuana-Tracht die Hand. Auch der Blutkreislauf beider Fridas ist verbunden, vergleichbar dem des Embryos mit seiner Mutter. Die linke Frida zeigt auf der Brust ihr offenes Herz; eine Blutbahn führt nach unten, wo sie auf der Höhe des Oberschenkels mit einer chirurgischen Schere abgebunden werden soll – doch das Blut tropft auf das weiße Kleid. Das Herz der anderen Frida liegt ebenfalls offen, ist aber unversehrt. Von ihm reicht eine Blutverbindung zu dem Gegenstand in der linken Hand der Tehuana-Frida, wahrscheinlich ein Kinderporträt Diego Riveras.

Dem Journalisten Alfonso Manrique, der sie im Oktober 1939 interviewte, gestand sie, dass *Die zwei Fridas* Ausdruck ihrer großen Einsamkeit seien, dass sie auf sich selbst zurückgeworfen sei und Hilfe nur durch sich selbst erhalten könne.[30]

Frida Kahlo drückt mit diesem Bild sehr wahrscheinlich zwei Wesensanteile aus, eine Frida, die altmodisch ist und Schmerz empfindet, da sie sich Treue gewünscht hatte und durch die Untreue Riveras tief verletzt wurde. Gleichzeitig tötet sie diese Frida aber, schnürt ihr das Blut ab, mit anderen Worten: Den von Diego ungeliebten Anteil ihrer selbst möchte sie am liebsten auslöschen.

Die andere Frida, die mexikanische, mit ihrer Lebenslust und Sinnlichkeit, ist unversehrt, kann sogar auf die mütterliche Komponente ihrer Liebe zu Diego hinweisen. Sie leidet nicht, ist unabhängig und stark. Doch beide Wesenhälften sind untrennbar über die Blutbahn miteinander verbunden, sagt uns das Bild, und: Die Abtötung der einen Frida hätte auch den Tod der anderen zur Folge. Es ist ein starkes Bild, das demonstriert, wozu Frida bereit war.

Die Trennung von Rivera und ihr Wunsch, wirtschaftlich möglichst auf eigenen Beinen zu stehen, trieb Frida Kahlo im Oktober 1939 dazu, mit Empfehlung unter anderem ihres Freunds Carlos Chávez (1889–1979), des berühmten Komponisten und Musikpädagogen, ein Guggenheim-Stipendium zu beantragen, allerdings vergeblich. In diesem Zusammenhang schrieb sie einen der wenigen Texte nieder, die ihre Kunst und ihre Motivation dazu sowie die Beziehung zu ihrer Biografie zum Gegenstand hatten. »Ich habe vor zwölf Jahren mit dem Malen begonnen, während der Rekonvaleszenz von einem Verkehrsunfall, der mich fast ein Jahr ans Bett fesselte. In all diesen Jahren bin ich bei meiner Arbeit stets dem spontanen Impuls meines Gefühls gefolgt. Ich habe nie einer Schule angehört und bin von niemandem beeinflusst. Ich habe mir von meiner Arbeit nichts anderes erhofft als die Befriedigung, die ich dadurch erfuhr, zu malen und so das auszudrücken, was ich anders nicht sagen konnte.

Ich habe Porträts und figürliche Kompositionen gemalt, außerdem Sujets, bei denen Landschaft und Stillleben im Vordergrund stehen. Ohne mich irgendwelchen Vorgaben zu unterwerfen, fand ich in der Malerei zu einem persönlichen Ausdruck. Zehn Jahre lang habe ich daran gearbeitet, alles wegzulassen, was nicht dem inneren lyrischen Antrieb entsprang, der mich zum Malen bewog.

Da meine Themen stets um meine Empfindungen, meinen Seelenzustand und die tiefsten Reaktionen kreisen, die das Leben in mir hervorrief, habe ich all dies oft in Selbstbildnissen umgesetzt. Sie waren der ehrlichste und wahrhaftigste Ausdruck dessen, was ich in mir und vor mir selbst empfinde.«[31]

Ein anderes Ziel verfolgte Frida im Jahr 1940: Sie wollte an der großen Surrealistenausstellung in Mexiko-Stadt in der Galería de Arte Mexicano von Inés Amor teilnehmen. Sie war neben Rivera und Álvarez Bravo die einzige Mexikanerin, die zu dieser Großausstellung zugelassen wurde, und akzeptierte für diesmal die Subsummierung unter das Etikett »Surrealismus« – die Liste der großen Namen, die dort vertreten waren, war zu beeindruckend: Hans Arp, Hans Bellmer, Victor Brauner, Giorgio de Chirico, Salvador Dalí, Pablo Picasso, Marcel Duchamp, Man Ray und viele andere.

Frida sandte neben *Die zwei Fridas* auch *Die verwundete Tafel*, das Hauptwerk des Jahres 1939, an die Galerie – ein leider seit 1955 in Polen verschwundenes Gemälde, das nur noch in Form einer Farbfotografie existiert. Es ist eigentlich Frida Kahlos Opus magnum, auch von seinen Ausmaßen her: 121,6 mal 245,1 Zentimeter maß es, was für sie eine fast unvorstellbare auch körperliche Leistung bedeutet haben muss. Wiederum handelt es sich um ein Selbstporträt in Gestalt ihrer Version des *Letzten Abendmahls* von Leonardo da Vinci. Zum ersten Mal bediente sich die Malerin eines kanonischen Kunstwerks, aber in abgewandelter, dekonstruierter Form. Außerdem benutzte sie eine Kernstelle innerhalb der Leidensgeschichte Christi, um ein persönliches Problem zum Ausdruck zu bringen und sich über diesen Ausdruck selbst als Heilige/Schmerzensreiche zu definieren.

Die Tafel hat beschädigte Beine wie die Malerin selbst. Rivera, links von der Malerin neben der Tafel stehend, hat die Hände auf den Tisch gelegt wie auf da Vincis Bild der Verräter Judas. Mit riesenhaftem Körper und winzigem Kopf wirkt er grotesk. Der Vorwurf, den Kahlo ins Bild gesetzt hat, lautet: Du hast mich verraten. Ich werde aufgrund dieses Verrats sterben, der Tod ist schon in meinem Haus (rechts von Frida steht lauernd ein grinsendes Skelett). Die Kinder der Schwester und Fridas Lieblingstier, das Rehkitz Granizo, komplettieren die Szene.

Auf diesem Bild wird der Schmerz über die Trennung vom geliebten Mann auf die allerhöchste denkbare Vergleichsebene gerückt. Mit dieser Manifestation war das Thema zunächst für Frida abgeschlossen, malerisch konnte sie sich jetzt anders orientieren.

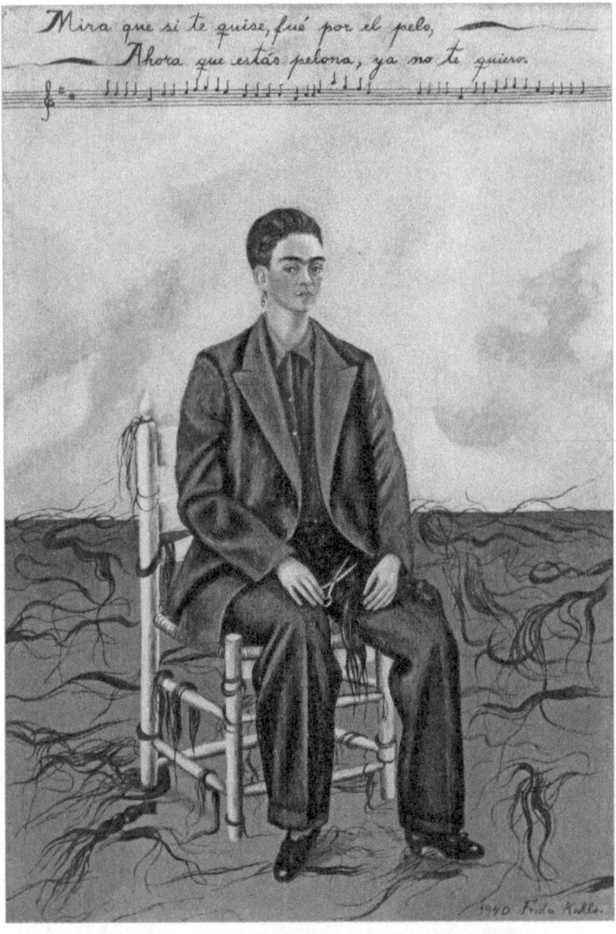

Selbstbildnis mit abgeschnittenem Haar, 1940

Außerdem entstanden im Jahr 1940 erneut viele Selbstbildnisse. Frida malte sich mit ihren Haustieren, Katzen und Affen, vielleicht auch, um die ansonsten drückende Einsamkeit zu mildern. Am eindrücklichsten erscheint jedenfalls das *Selbstbildnis mit abgeschnittenem Haar:* Diesmal malte sie sich in einem Männeranzug auf einem Stuhl sitzend. Einziges feminines Attribut sind die schwarzen Pumps, die sie trägt. Erneut hatte der Vorgang des Haareabschneidens auch symbolische Funktion für die Malerin: Einerseits ging es um eine Verstümmelung der eigenen Weiblichkeit, ein Sichpanzern in einem männlichen Äußeren, aber auch um einen Akt der Aggression gegen Diego, der ihr langes Haar liebte. Am oberen Bildrand ist das Motto zu lesen, das einem mexikanischen Schlager entstammt, den sie zusätzlich mit einer Notenzeile zitierte: »Sieh, wenn ich dich liebte, so war es wegen deiner Haare; jetzt, da du kahl geschoren bist, liebe ich dich nicht mehr.«

Bilder wie dieses sprechen von der therapeutischen Kraft, die die Auseinandersetzung mit dem eigenen Äußeren für Frida Kahlo immer hatte, von ihrer Begabung, psychische Vorgänge und Konflikte ins (Selbst-)Bild(nis) zu setzen. Und alle Werke, die in den beiden Trennungsjahren, ihren produktivsten, entstanden, weisen eine beunruhigende Intensität auf, etwa das *Selbstbildnis mit Dornenhalsband (Dr. Leo Eloesser gewidmet)* aus demselben Jahr 1940 (vgl. Umschlagabbildung), zweifellos ein Höhepunkt innerhalb ihres Schaffens, auf dem sie sich als Märtyrerin (ihrer Liebe) malt.

Auch hier ist ein anderes Kunstwerk, dazu noch ein surrealistisches, Inspiration für das Bild, *Winged Domino,*

Portrait of Valentine von Roland Penrose (1938), wie Helga Prignitz-Poda erstmals überzeugend nachgewiesen hat:[32] Konsequent deutet Frida alle Bildmotive um, die Rosenblüte, die die Frau auf Penrose' Bild als Schmuck trägt, ist einer verletzenden Dornenfessel gewichen, die lebendigen Schmetterlinge auf seinem Bild sind auf ihrem erstarrt, der Vogel, der auf seinem Bild aus dem Haar von Valentine noch etwas für seinen Nestbau sucht, hängt bei ihr in Gestalt eines toten Kolibris – in Mexiko angeblich Ingredienz mancher Zauberrezepte, die Glück in der Liebe versprechen – um ihren Hals. Der Magie zugetan sind auch die lebenden Tiere auf dem Bild, das Äffchen symbolisiert die Lüsternheit, die schwarze Katze begleitet traditionell die schwarze Magie. Das Bild also als ein veröffentlichter Zauber für oder gegen eine übermächtige Liebe? Fridas entrückter Blick scheint jedenfalls Dinge zu sehen, die sich der Realität entziehen.

Die ursprünglich lediglich verbal geäußerte Formel, sie sei eine Heilige geworden, wurde jetzt auch künstlerisch umgesetzt bzw. inszeniert: Kahlo fand in den von der christlichen Ikonografie bereitgestellten Bildprogrammen ideale Modelle, um ihrem persönlichen Lebensdrama Ausdruck zu verleihen. Die Selbstbildnisse strahlen jene auch auf Ikonen oder Mumienporträts klassisch gewordene Unbelebtheit aus. Die Frontalsicht auf die Dargestellte gemeinsam mit dem ins Leere gehenden, dennoch intensiven Blick führen dazu, dass man trotz gewisser Unterschiede in der Anlage der Selbstbildnisse glaubt, immer ein und dasselbe Bild zu sehen.

Doch nicht nur künstlerisch war das Jahr 1940 bedeutsam. Es ereignete sich außerdem ein dramatischer

Zwischenfall, der auf Frida Kahlos angeschlagene psychische und physische Verfassung erheblichen Einfluss ausübte: Nach dem Auszug aus der *casa azúl* wurden Trotzki und seine Frau in ihrem neuen Domizil in Coyoacán am 24. Mai 1940 fast Opfer eines ersten Attentats, verübt durch zwanzig als Polizisten verkleidete Männer. Salven zahlloser Maschinengewehrschüsse gingen nieder, Brandbomben und eine Sprengladung wurden gezündet. Nur weil sich Trotzki, seine Frau und ihr Enkel sowie alle Leibwächter und Sekretäre geistesgegenwärtig sofort zu Boden warfen, kamen sie, mit Ausnahme eines Leibwächters, mit dem Leben davon. Die im Nachbarhaus zur Bewachung und zum Schutz Trotzkis untergebrachten wirklichen Polizisten wurden später gefesselt aufgefunden.

Als er befragt wurde, sagte Trotzki aus, er habe den Lieferwagen eines landesweit bekannten Malers am Tag zuvor in der Nähe seines Hauses beobachtet. Er meinte vermutlich David Alfaro Siqueiros, einen früheren Weggefährten Riveras, der daraufhin für ein Jahr ins Gefängnis musste. Doch auch Rivera wurde zumindest der Mitwisserschaft verdächtigt. Seine bissigen Bemerkungen gegen Trotzki waren Ausgangspunkt dieser Beschuldigungen.

Insofern war auch ein Zugriff durch die Polizei auf Rivera plausibel – eine abenteuerliche Flucht mithilfe von Irene Bohus und Paulette Goddard wurde flugs arrangiert, und Rivera tauchte unter. Nur die beiden Freundinnen kannten sein Versteck. Wenig später, im Juni 1940, konnte er Richtung San Francisco ausreisen und schuf dort ein weiteres Fresko.

Dorthin schrieb Frida Kahlo ihm einen langen Brief.

Er enthielt eine detaillierte Aufstellung aller seiner Ausgaben, die sie nach wie vor verwaltete, aber auch eine Bilanz des eigenen Lebens als Künstlerin. Es hatte sie desillusioniert, bei der Bergung und Sicherung von Riveras Kunstsammlung zu entdecken, dass der Kunsthändler Misrachi, mit dem sie wegen ihrer Bilderverkäufe im Gespräch war, ein Werk von ihr an Rivera veräußert hatte: »Ich habe weiterhin auf Deine Kosten gelebt, während ich mir andere Vorstellungen gemacht habe. Ich habe daher den Schluss gezogen, dass ich auf ganzer Linie gescheitert bin. Als junges Mädchen wollte ich Ärztin werden und wurde von einem Bus zerquetscht. Ich habe zehn Jahre mit Dir gelebt und Dich letzten Endes nur genervt und gelangweilt, ich habe zu malen begonnen, und niemand macht sich etwas aus meinen Bildern außer mir – und Du kaufst sie, weil Du weißt, dass sie sonst niemand haben will.«[33]

Das Alleinsein und die alleinige Verantwortung für alles, ihr Leben und ihre Arbeit, ihre Angst um Diego und ihre Sorge um Trotzki, der einen weiteren Anschlag auf sein Leben fürchtete, beeinflussten ihre Psyche und ihren allgemeinen Gesundheitszustand nachhaltig negativ. Sie war generell verunsichert.

Inzwischen hatte sich der angebliche Trotzkist Mornard alias Ramón Mercader aus Fridas Pariser Tagen in Mexiko angesiedelt.[34] Er nannte sich jetzt Jacson. Alles wurde von langer Hand geplant: Er bekam Zugang zu Trotzki, doch erst am 21. August gelang ihm ein Treffen unter vier Augen, und er verletzte Trotzki so schwer mit einem Eispickel, dass dieser am Tag darauf im Krankenhaus starb.

Frida las über die Identität des Attentäters in der Zeitung und fühlte sich nicht nur betroffen, sondern, weil sie niemals von der Annäherung Mornards berichtet hatte, mitschuldig und erzählte Rivera am Telefon erregt von dem Mord. Sie vermutete zu Recht, dass sie selbst jetzt ins Visier der Ermittlungen geraten würde. Eine viele Stunden lange Befragung mussten sie und die Schwester Cristina über sich ergehen lassen. Riveras Haus wurde durchsucht, wichtige Gegenstände, auch Zeichnungen und Gemälde, verschwanden dabei. Frida hatte allerdings zuvor die politisch verdächtigen Schriften ausgesondert und im Keller versteckt.

Wiederannäherung

Fridas Krankheitssymptome waren inzwischen stärker denn je, sie magerte weiter ab. Die mexikanischen Ärzte plädierten für eine weitere Operation. Dr. Eloesser in San Francisco riet ihr nicht nur von den vorgeschlagenen Maßnahmen ab, er überredete sie in diesem Zusammenhang auch zu einer erneuten Annäherung an Rivera und zu einer anderen Einstellung ihm gegenüber. Er war davon überzeugt, dass Diego niemals auf Beziehungen zu anderen Frauen verzichten können würde. Der Arzt sprach auch mit Rivera, der sich daraufhin Sorgen um seine geschiedene Frau zu machen begann. Nach drei Krankheitsmonaten flog Frida im September 1940 nach San Francisco.

Nach einigen Tagen der Zweisamkeit mit Diego begab sie sich ins Krankenhaus, wo sie einen Monat lang Kalzium und Elektrotherapie erhielt. Von einer Operation sah man ab, da es sich nach Dr. Eloesser um eine Nierenentzündung handelte, die die Nervenreizung im rechten Bein verursachte.

Diego brachte bei einem Besuch einen jungen Mann und ehemaligen Zeitungsredakteur, der 1936 in die USA emigriert war, mit ins Krankenhaus. Der fünfundzwanzig Jahre alte Heinz Berggruen (1914–2007) half ihm als Assistent und Dolmetscher bei allen Problemen im Zusammenhang mit seinem Auftrag für das Treasure-

Island-Fresko im Rahmen der *Golden Gate International Exposition* 1939–1940. Vor dem Eintreten in das Zimmer prophezeite Rivera Berggruen auf Französisch, dass er sich in Frida verlieben werde.

Und so geschah es. Rivera habe ihn noch im Weggehen ermuntert zu bleiben, erinnerte sich Berggruen in seinen Erinnerungen *Hauptweg und Nebenwege:* »Dagegen hatte ich gar nichts, im Gegenteil: Ich hatte nur den einen Wunsch, bleiben zu können [...]. Ich fühlte mich so stark zu Frida hingezogen, wie ich das nie zuvor bei einer Frau gespürt hatte. Die Banalität des Alltags war mit einem Schlag beseitigt, es gab nur noch Frida und mich – Tristan und Isolde im kargen Krankenzimmer eines amerikanischen Hospitals. Jeden Tag saß ich an Fridas Bett, und nach wenigen Besuchen beschlossen wir, San Francisco gemeinsam zu verlassen.«[35]

Frida ging wirklich auf die bald geäußerte Idee der »Flucht« mit dem verheirateten jungen Mann ein: Die Reise nach New York im November konnte sie damit begründen, die für das nächste Jahr geplante Ausstellung in Julien Levys Galerie vorzubereiten. Berggruen mutmaßte, Diego habe geahnt, dass sie ihn mit ihm hinterging und dass er gemeinsam mit ihr nach New York reiste, wo sie mehrere intensive Wochen miteinander verbrachten. Frida war es, so Berggruen, die schließlich in New York unruhig wurde und zurück nach San Francisco reisen wollte. Der junge Mann bemerkte ihre tiefe Bindung an Diego und dass für sie ihre derzeitige Beziehung nur eine Episode war. Vielleicht, so spekulierte er, wollte Frida Diego durch die Affäre auch eifersüchtig machen.

Frida instrumentalisierte ihre Liebhaber tatsächlich oft

zu diesem Zweck. Hier standen sich ihre leichte Entflammbarkeit für schöne und kreative, kluge Männer und Frauen und ihre Absolutsetzung ihrer Beziehung zu Rivera als unvereinbar gegenüber und schufen für sie selbst wie für Rivera unversöhnliche Konflikte. Dass Riveras Rolle in diesem Verhältnis fast einen masochistischen Zug trägt, insofern er Berggruen geradezu auf Frida »ansetzte«, widerspricht nicht der Tatsache, dass ein solches Verhältnis auf alle Beteiligten offenbar auch einen gewissen Reiz ausübte.

Trotz dieser Verwerfung gingen Frida Kahlo und Diego Rivera am 8. Dezember 1940 in San Francisco erneut die Ehe ein. Diesmal hatte Frida einige Regeln formuliert, die Diego zuvor einzuhalten versprechen musste, so die finanzielle Eigenverantwortlichkeit beider Partner, die Unterstützung des Haushalts jeweils zur Hälfte und den Ausschluss von Geschlechtsverkehr miteinander. Nachweislich gelang es Frida jedoch nicht, diese Regeln konsequent einzuhalten.

Diego arbeitete weiter an seinem Auftragswerk, während Frida zu Weihnachten 1940 wieder in Mexiko eintraf. Die *casa azúl* wurde beider Lebensmittelpunkt, das Doppelhaus in San Ángel fungierte indes nach Diegos Rückkehr als sein Atelier und Schauplatz seiner Amouren. Frida traf sich mittlerweile wieder mit ihrem Liebhaber seit 1939, dem Katalanen Ricardo Arias Viñas.[36]

Sie kam mit gestärktem Selbstbewusstsein und einem klaren Lebensplan aus Amerika zurück, was sich zunächst in einem sehr bewussten Gestaltungswillen in der *casa azúl* ausdrückte: Ihre Kochkunst wurde raffinierter, die Dekoration und Pflege des Hauses perfekter, das

Begehen von Festen im Freundes- und Familienkreis regelmäßiger, ebenso die Zeit, die sie täglich dem Malen widmete, das eine wachsende Rolle für sie spielte. Eine Erdung im Kindheitshaus und der Verzicht auf weite Reisen: Die *casa azúl* sollte ihr die Welt sein, jeder war hier als Gast willkommen. Frida machte aus dem Haus ihr Lebenskunstwerk samt Pflanzen und Tieren, samt familiär eingebundener Dienstboten, samt starkfarbiger mexikanischer Keramik, blauer Glaskrüge und Trinkgläser, herrlicher Tischwäsche, samt ihrer eigenen mexikanischen Trachten und ihrem Schmuck.

Rivera entwickelte das Haus baulich weiter: Er ließ einen neuen Flügel aus dunkelgrauem Lavastein errichten, dazu einen Dachgarten, eine Stufenpyramide, einen Raum für die präkolumbianischen Skulpturen mit einem Wasserbecken – die Anwendung jeglicher indigener Technik, die Verarbeitung jeglichen einheimischen Materials wurden zu einer neuen Einheit verschmolzen präsentiert. Dabei hätten die Gegenstände, die in den Räumen angesammelt wurden, nicht unterschiedlicher sein können: Das Haus von Diego und Frida war das von Sammlern, die alles fortwährend neu ordneten und arrangierten.

Nach dem gemeinsamen Frühstück mit Diego betrat sie ihr Atelier in Jeans und einer blauen Jacke, im übrigen Tagesablauf trug sie die mexikanische Tracht. Gegen Mittag, wenn Diego und Emmy Lou Packard, Diegos Assistentin, zurückkehrten, zeigte Frida, was ihr am Morgen gelungen war – Diegos Reaktion darauf war ihr immer wichtig. Das sich anschließende Mittagessen war einfach, aber frisch.

Selbst das Tischdecken wurde von Frida als Kunst ausgeübt. Im Grunde seien es Stillleben gewesen, die sie tagtäglich auf dem Tisch anordnete: Schüsseln, Blumen, Früchte, immer neu, immer anders, das Eichhörnchen im Käfig, ein kleiner Papagei, der im Raum herumflog, Diego immer am Kopfende, Frida und Emmy Lou jeweils an den Längsseiten, so erinnerte es diese.

Nach Tisch hielt Frida eine Siesta im Innenhof oder spielte im Garten mit ihren Tieren, ihrem aztekischen nackten Hund Señor Xólotl, ihren Tauben, dem zahmen Fischadler, den Äffchen, den Papageien und dem Truthahnpaar oder dem Kitz Granizo, ihrem Alter Ego.

Später, Diego fuhr wieder zum Arbeiten weg, ruhte Frida, traf daraufhin Freunde, erledigte die administrativen Aufgaben und ging ins Kino. Oder sie malte weiter. Abends gab es wieder ein Essen. Sie genoss dieses geregelte Leben sehr.

Der Tod des Vaters am 14. April 1941 verdüsterte die Stimmung der Malerin jedoch tief und hatte, wie immer bei ihr, unmittelbare Auswirkungen auf ihren Gemütszustand, auf ihre Einschätzung ihrer Beziehung zu Rivera und auch auf ihre Gesundheit. Sie nahm erneut stark ab.

Die internationalen Kriegsereignisse drückten sie zusätzlich nieder. Im Augenblick des Einmarschs der Deutschen in Russland im Juni 1941 revidierte Rivera erstaunlicherweise seine bisher kritische Einstellung Stalin gegenüber, was sich nur durch seinen starken Hass auf Hitler erklären lässt.

Das *Selbstbildnis mit Zopf* aus diesem Jahr, mittelgroß, auf dem Frida sich mit nacktem Oberkörper malte, den sie mit großen, sie locker umschlingenden Blättern bekleidet hat, ist eine Art Gegenstück zu dem im Jahr der Trennung entstandenen *Selbstbildnis mit abgeschnittenem Haar*. Frida Kahlo entwarf damit ein neues Selbstbild, das ihre Weiblichkeit in den Mittelpunkt stellte, und zwar aufgrund der großen hochgekämmten und brezelartigen Haarmenge, die in ihrer Form dem Unendlichkeitszeichen entspricht und dem schlangengleichen Uroborus-Zeichen, das für Tod und Leben, Mann und Frau steht.

Das Ende des Jahres 1941 verbrachte sie grippekrank im Bett. Ab sofort begann sie ihren Lebensrhythmus zu vernachlässigen – feierte rauschende Feste, erlitt Ermattung hinterher, empfand Traurigkeit und hatte Schmerzen. Gleichzeitig stellte sie mehrere für den Verkauf ausgelegte Selbstbildnisse her, die sich sehr ähneln. Sie malte sich mit wechselndem Kopfputz, unterschiedlicher Kleidung – aber sie malte immer sich, vermarktete sich.

Frida Kahlo war nun aber eine bestätigte Künstlerin: Sie wurde in die Ausstellung *Modern Mexican Painters* am Institute of Modern Art in Boston aufgenommen und gehörte zu den fünfundzwanzig Künstlerinnen, Künstlern und Intellektuellen, die vom Erziehungsministerium Mexikos als Gründungsmitglieder des *Seminario de Cultura Mexicana* nominiert worden waren, um die mexikanische Kultur zu fördern, Ausstellungen und Vorträge zu organisieren und über diesen Gegenstand zu publizieren.

Wachsender Ruhm und Anerkennung

Im Jahr 1942 beschlossen Diego und Frida, in Anahuacalli bei Coyoacán auf einer Lavaebene im Pedregal-Gebiet ein anthropologisches Museum zu errichten, als Heimat für Diegos Sammlung präkolumbianischer Objekte. Das Projekt stabilisierte ihre emotionale Beziehung, da sie dort eine Zeit lang abgeschieden in einem ursprünglich für ihre Tiere errichteten Stall lebten. Rivera zeichnete selbst die Pläne für das Privatmuseum, das, aus dunklem Vulkangestein erbaut, an aztekische Pyramiden erinnert. Letztlich war für beide Partner die präkolumbianische Epoche eine rückwärtsgewandte Utopie, mit deren Belebung sie ihre kommunistische Hoffnung auf eine gerechtere Gesellschaft verbanden. Im Volksmund auch »Diegos Pyramide« oder »Rivera-Mausoleum« genannt, wurde das Museum erst 1964, nach dem Tod Riveras, erstmals der Öffentlichkeit zugänglich gemacht.

Irgendwann zwischen 1942 und 1944 begann Kahlo auch damit, ein Tagebuch mit geschriebenen und gemalten Einträgen zu führen. Dieser treue Begleiter bis zu ihrem Tod verzeichnete Stimmungen, Gefühle und Reflexionen und bezeugt den lebendigen sprachlichen Humor der Malerin. Anders als die gemalten Selbstporträts war es jedoch nie zur Veröffentlichung bestimmt.

Im Tagebuch kommt Frida spontan, ja »surrealistisch« daher, fast wirkt es, als schöpfte sie in diesem Medium ganz aus den Kräften des Unbewussten. So arbeitet sie spielerisch mit der Klecksografie: Ornamente entwickeln sich unter ihrer Hand zu biomorphen Formen, Teilen von Körpern, Tieren und Landschaften – die Varietät der Tagebuchzeichnungen ist im Vergleich zu den Bildern enorm. Auch Techniken und Hilfsmittel sind unterschiedlich: Buntstifte, vielfarbige Tinten, Wasserfarben, Wachsstifte werden eingesetzt, und anders als bei den bewusst komponierten Bildern vertraut sie dem im Surrealismus typischen Automatismus der Kreativität. Die bildlichen Einträge sind bei Weitem keine Illustration der Texte, sondern eigene, vieldeutige Aussagen.

Wiederkehrendes Thema ist ihre vielgestaltige Liebe zu Diego Rivera – sie ist erotisch, mütterlich, aber auch allumfassend und mystisch. Hinsichtlich ihrer beider Kunst entwickelt sie eine Definition Diegos als *auxocromo* (der, der die Farbe einfängt) und ihrer selbst als *cromóforo* (die, die die Farbe von sich gibt)[37] und schafft als Wunschfantasie ein mystisches Liebespaar, männlich und weiblich, das unauflöslich verbunden ist. Diese Haltung strahlt auch ein Gedicht aus, in dem sie ausführlich beschreibt, das Gefühl zu haben, aus Diegos Zellen zu bestehen, und erst am Ende scheint die Ratio durch, die Diego doch ein eigenes Leben zugesteht: »Ich bin nicht nur deine / – Mutter – / Ich bin der Embryo, der / Keim, die erste / Zelle, die = mit Po- / tenz = ihn zeugte / […] Warum nenne ich ihn meinen Diego? / Er war nie mein und wird es nie sein / Er gehört sich selbst.«[38]

Der zweite Themenkomplex des Journals ist die mexikanische Kultur. Er wird etwa durch die Einfügung von aztekischen Textpartikeln ersichtlich. Die altmexikanische Religion übte eine vitalisierende Kraft auf die Malerin aus. Damit verbunden sind politische Fragen, der Kommunismus, der im Laufe der circa zehnjährigen Dauer des Journals immer stärker eine pseudoreligiöse Färbung annimmt, da Frida sich auch hier oft der christlichen Ikonografie bedient. Schließlich reflektiert sie die eigenen gesundheitlichen Einschränkungen, die fortschreitende Vereinsamung, das stärker werdende Gefühl des Gefangenseins an einem Ort sowie die zunehmende psychische Fixierung auf die Krankheit. Dennoch bleiben ihr Lebenshunger, ihre Lebensfreude, ihr (teilweise schwarzer) Humor erhalten. So malt sie im letzten Drittel des Tagebuchs in lebhaften Rot-, Grün- und Brauntönen tanzende Gerippe, fügt dazu die Überschrift »Muertes en relajo«, Gerippe in übermütiger Stimmung.[39]

Angesichts der Beschäftigung des Paares mit den altmexikanischen Konzepten der Verbindung des Menschen mit seiner Umwelt, der Beziehung von Tod und Leben verwundern die Bilder nicht, die die Künstlerin in diesen Jahren malte, bezeichnend unter anderen *Wurzeln* oder *Der Pedregal* von 1943 (vgl. Vor- und Nachsatz). Ein sehr kleines Bild, vergleichbar ihren *retablos* in Öl auf Metall gemalt: Man erkennt das stilisierte Gesamtporträt der Malerin im mexikanischen Kleid. Sie liegt auf dem Boden hingestreckt und stützt einen Arm auf ein Kissen. Ihr offenes Haar wird von langen Blätterranken umschlungen. Dazu wachsen aus einer Öffnung in ihrem Kleid zwischen Brust und Bauch dieselben langen Blätterranken, als diente ihr Oberkörper den Pflanzen als Mutterboden. Natürlich muss die psychische Ebene, die unerfüllte Sehnsucht nach Fruchtbarkeit, mitgedacht werden. Doch stand für Kahlo in dieser Lebensphase der Wunsch, ganz in der von ihr geliebten Landschaft (und Kultur) aufzugehen, im Vordergrund. Er hatte bei ihr damals eindeutig lebensbejahende Qualitäten, die eventuell auch mögliche Interpretation der Todessehnsucht durch das Einswerden mit der Erde muss verworfen werden.

1943 war auch das Jahr, in dem Frida als einzige Künstlerin neben María Izquierdo (1902–1955) in den Lehrkörper der kurz zuvor durch das Erziehungsministerium gegründeten Maler- und Bildhauerschule La Esmeralda berufen wurde. Diese war auch für Jugendliche gegründet worden, die zum Teil keine Schulbildung genossen hatten; einzig Talent zählte. Auch Rivera gehörte neben anderen Künstlern zu den Lehrern. Für Frida waren wöchentlich zwölf Lehrstunden, auf drei Tage verteilt, vorgesehen.

Sie war skeptisch, was ihre pädagogische Eignung anging, und wollte auf keinen Fall in traditioneller Weise unterrichten. Indem sie die Studierenden persönlich ansprach, auf Augenhöhe mit ihnen verkehrte, wollte sie ihnen neben malerischen Grundlagen, Vorbildern in der Kunstgeschichte und anatomischen Studien auch so etwas wie ein quasifamiliäres Vertrauensverhältnis bieten. Sie versuchte, ihnen die Achtsamkeit für die Sitten, Bräuche und Lebensgewohnheiten des eigenen Volkes näherzubringen – also den ihr wichtigen mexikanischen Kontext. Und über ihre Authentizität, ihre beeindruckende Lebensfreude gelang ihr dieser Erziehungsprozess, bei dem sie ihnen auch das unbestechliche Mittel der Selbstkritik an die Hand gab.

Etwa zwei Jahre lang konnte sie die anstrengenden Fahrten dreimal pro Woche von Coyoacán in die Kunstschule bewältigen. Danach war dies nicht mehr möglich, und sie beschloss, den Unterricht in Coyoacán, in ihrem Haus, zu erteilen. Zu Anfang kam noch fast die ganze Klasse, doch auch den Studenten war die stundenlange Fahrt hin und zurück zu aufwendig, und es verblieb lediglich ein harter Kern von vier Teilnehmern, die sich die »Fridos« nannten, in ihrem Kurs: Arturo García Bustos (1926–2017), Guillermo Monroy (geb. 1924), Arturo Estrada Hernández (geb. 1925) und Fanny Rabel (1922–2008).

In dem Wissen, dass ein Maler auch wirtschaftlich auf eigenen Füßen stehen muss, organisierte Frida Kahlo den Fridos Aufträge, und zwar im Bereich der Wandmalerei, da diese vier auch bei Diego studierten. So kam der Auftrag in der *Pulquería Posada del Sol* oder *La Rosita* zustande: Hier gestalteten die Fridos an den aus Hygienegründen weiß übertünchten, ehemals von Wandbildern geschmückten Außenmauern neue Wandbilder, die thematisch dem Ausschank gewidmet waren. Die Einweihung der neuen Fassade wurde mit einem Fest gefeiert, auf dem die *maestra* mit Diego Rivera die mexikanischen Volkstänze, die *jaranas*, *danzones* und *zapateados*, tanzte, was sie hinterher mit verstärkten Schmerzen in ihrem Fuß und Bein büßen musste.

Den ersten Aufträgen für die Fridos schlossen sich weitere an, die Frida und Diego als Projektleiter und Berater begleiteten. Nicht zuletzt vermittelte Frida Kahlo ihren Schülern ihre politischen Ideale. Perfekt gelang es ihr, ihre Betroffenheit über das Schicksal der kleinen Leute als Motor für das eigene politische Engagement glaubhaft zu machen. Kunst, so brachte sie den Schülern nahe, sei nicht nur für wenige privilegierte Menschen in einer Gesellschaft da. Sobald ein Maler nämlich die realen Verhältnisse, die im Volk herrschten, aufgriffe, sei er mit seiner Kunst für alle Menschen interessant. Diese Lehre reichten die Fridos wenig später auch an andere Maler weiter: Sie schlossen sich zu einer siebenundvierzigköpfigen Vereinigung zusammen, die sich *Artistas Jóvenes Revolucionarios* nannte und dezidiert auf Kahlo berief.

Alle Fridos hielten nach Abschluss des Studiums weiter intensiven Kontakt zu ihrer *maestra*. Alle vier machten als Künstler, speziell Muralisten, Karriere und wurden später an der Fertigung von Diego Riveras Wandgemälden im Nationalpalast von Mexiko-Stadt beteiligt. Leider verhinderte ein neuerlicher Schub der Rücken- und Beinbeschwerden, dass Frida mit neuen Studenten einen nächsten Kurs durchführen konnte.

In der Phase des Unterrichtens entstanden von Fridas Hand auch wichtige Selbstporträts wie *Selbstbildnis mit Affen*, auf dem sich die Malerin in einer weißen mexikanischen Bluse mit rotem Kordelabschluss am Ausschnitt vor einem Blatthintergrund mit einer einzigen orange-blauen Strelitzie und umringt von vier kleinen dunklen Klammeräffchen darstellt. Eines von ihnen hat seinen Schwanz um ihren Arm geschlungen und sein Ärmchen an ihre Brust geklammert – erneut also wie im *Selbstbildnis mit dem Dornenhalsband* von 1940 eine umschlingende, einschnürende Struktur, die sie umgibt. Die geliebten Haustiere sind in der Ikongrafie auch oft Symbole der Neugierde und Lüsternheit, was durch die phallisch

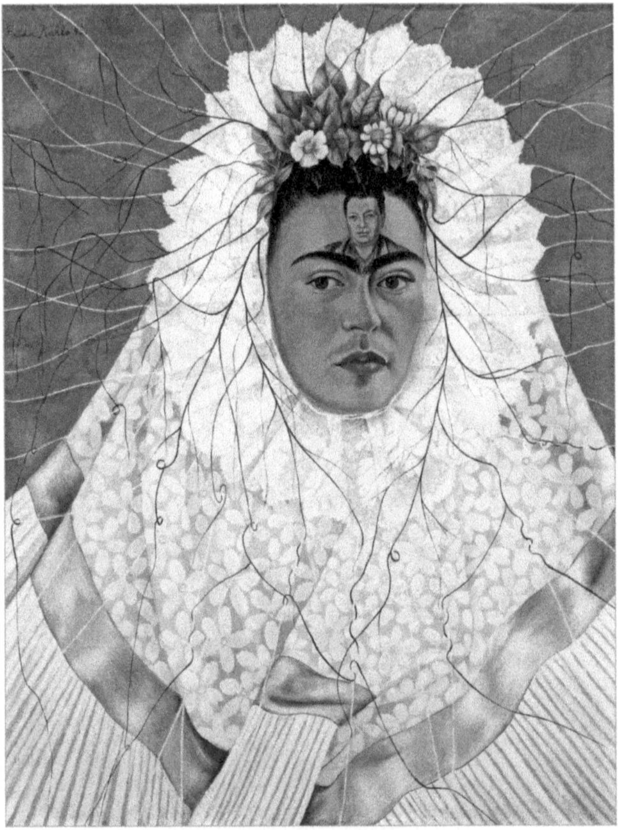

Selbstbildnis als Tehuana oder
Diego in meinen Gedanken, 1943

wirkende Pflanze im Hintergrund verstärkt wird: Somit wird das Umringt- oder Beherrschtsein vom Leben und von den Trieben hier dargestellt.

Ein zweites bedeutendes Bild entstand 1943, *Selbstbildnis als Tehuana oder Diego in meinen Gedanken*, auf dem sich Frida mit dem typischen Kopfputz der Tehuana-Frauen malt, der aus Spitzen bestehenden, stark gefältelten weißgrundigen Haube, die an die Kopftücher in der muslimischen Welt oder aber die Hauben von Nonnen erinnert. Indem Kahlo gleichzeitig Diego Riveras Porträt auf ihre Stirn malt, ihr Haar unter der Haube mit Blumen schmückt und zudem noch eine spezielle Textur des gesamten Werks dadurch erzielt, dass sie, Blattadern gleich, Gefäße von diesen Blumen ausgehen lässt, die ihren Kopf und den Hintergrund wie mit feinem Craquelé überziehen, gelingt ihr eine komplexe Aussage: Sie demonstriert ihre obsessive, ständig präsente Liebe zu Diego Rivera, zeigt aber auch den Charakter dieser Liebe als einerseits Geborgensein, andererseits ein Umschlungen- oder Gefangensein. Gleichzeitig waltet über allem das allgemeine Prinzip des Lebens: Die Blumen verzweigen ihre Adern in alle Richtungen, holen sich ihre Säfte von überallher.

»Die gebrochene Säule«

In den 1940er-Jahren suchte die Malerin ständig nach neuen Ärzten und neuen Therapien, die sie, selbst wenn sie sich barbarisch anhörten, an sich vornehmen ließ. Verschiedentlich glauben Biografen, dass sie diese Maßnahmen auch ergriff, um Diego Rivera immer neu zu entsetzen und an ihr Krankenbett zu locken. Inwieweit diese Stimuli vielleicht auch dazu beitrugen, ihre Kreativität anzustacheln, kann nicht eindeutig bestimmt werden. Dr. Eloesser war der Auffassung, sie habe (auch) an einer psychischen Störung gelitten, die darin besteht, dass ein Patient nach immer neuen Operationen verlangt.

Auffällig ist, dass Frida, sonst immer an Aufklärung und rationalen Begründungen interessiert, sich weigerte, über ihre Motive Rechenschaft abzulegen, was den Umgang mit ihrer Gesundheit anging. Die Ratschläge hinsichtlich der Regelmäßigkeit ihrer Lebensweise, des Meidens unnötiger Anstrengungen, des Wechsels von Ruhe und Arbeit schlug sie jedenfalls immer wieder im Überschwang ihrer Gefühle und in der Überschätzung der eigenen Kräfte in den Wind. Daher brach sie wiederholt zusammen. Im Übrigen stellte sie sich inzwischen jede neue Operation als eine Art Wiedergeburt vor und strebte nach einer solchen.

Im Jahr 1944 wurden Frida ein Stahlkorsett und strenge Bettruhe verordnet. Es sollten bis zu ihrem Lebensende noch achtundzwanzig weitere Korsetts folgen. Obwohl es Spezialanfertigungen waren, engten sie sie teilweise so ein, dass sie nicht mehr frei atmen konnte. Verständlicherweise wurde sie depressiv, appetitlos und magerte weiter ab, konnte nicht mit den Korsetts schlafen, sodass sie erneut versuchte, sich mit Alkohol und Schlaftabletten zu beruhigen. Rivera hatte zwar Mitleid und verbrachte viel Zeit an ihrem Bett, lebte aber sein unabhängiges Leben weiter.

Das verordnete Stahlkorsett hatte die Atrophie ihrer Muskulatur zur Folge, sodass sie ohne es weder sitzen noch gehen konnte. Daneben erschöpften sich die Abwehrkräfte der Künstlerin, und sie erhielt die Diagnose Syphilis, die man mit Bluttransfusionen, Sonnenbädern und einem Wismutmedikament behandelte. Der Arzt riet ihr anschließend zu einer Operation mit dem Ziel, die Wirbelsäule zu verstärken. Immer mehr Lebenszeit verbrachte Frida nun mit dem eigenen geschwächten Körper.

Weiterhin genoss sie aber den Besuch von Freunden und Bekannten, sie gab sich heiter und interessierte sich empathisch für die Probleme ihrer Umwelt. Die depressive Frida, die Angst hatte, nachts allein in einem Zimmer zu schlafen, und keine Hoffnung mehr hatte, jemals wieder gesund zu werden – und das war eine realistische Perspektive –, erlebte ausschließlich ihre Familie. Lediglich Malen half Frida, die Schmerzen und Einschränkungen zeitweise zu vergessen: mehr und mehr und jetzt wieder im Bett, wie nach dem Unfall.

Im Jahr 1944 entstand eines ihrer wohl eindrucksvollsten Selbstporträts, *Die gebrochene Säule*, ein klein-

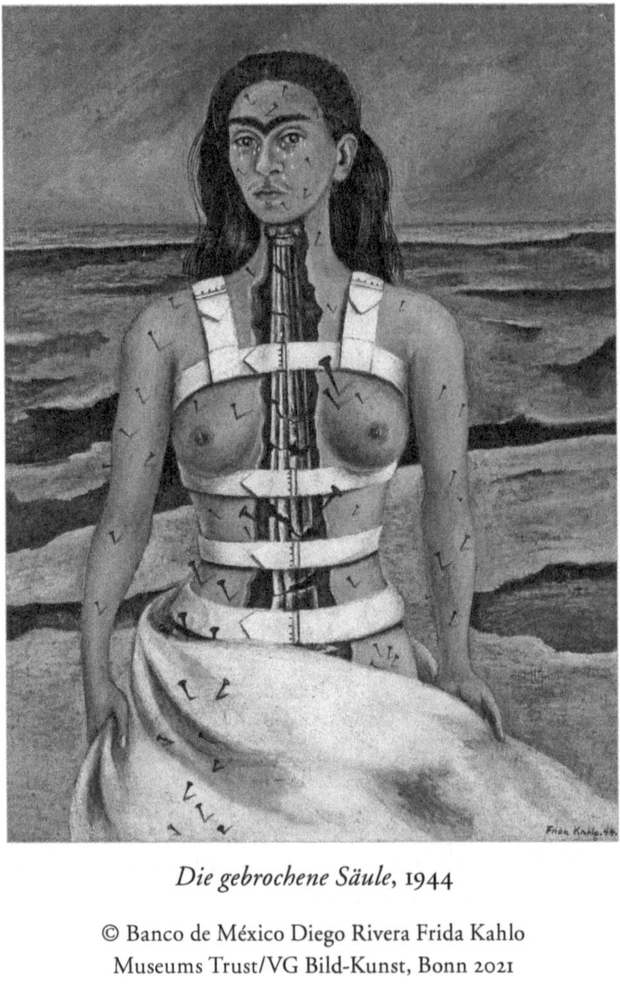

Die gebrochene Säule, 1944

formatiges Werk in Öl auf Leinwand: Vor einer öden Landschaft in Grün-Grau-Tönen malt sich die Malerin nackt, lediglich ein weißes Tuch hat sie um die Hüften geschlungen. Ihr Oberkörper wird von einem orthopädischen Korsett umschnürt. Er ist geöffnet und gibt den Blick auf eine an mehreren Stellen gebrochene antike Säule frei, die die Wirbelsäule vertritt. Zusätzlich wird der Körper von vielen kleinen und größeren Nägeln verletzt. Tränen rinnen aus den großen Augen der gemalten Frida, deren Gesichtsausdruck stoisch-starr ist. Heldenhaft hält sie sich aufrecht.

Wie verschiedentlich festgestellt wurde[40], sind die Anspielungen auf die christliche Ikonografie in diesem Bild überdeutlich: das Lendentuch des leidenden Christus am Kreuz, die Nägel, auch vergleichbar den Pfeilen, die den heiligen Sebastian quälen. Die zerklüftete, unwirtliche Landschaft spiegelt die Verwerfungen der gebrochenen Säule im Inneren. Ein neuerlicher Beweis für Fridas Kenntnis der Kunstgeschichte ist der manieristische Faltenwurf ihres Lendentuchs.[41]

Dass wieder fast ausschließlich kleine Formate entstanden, war wiederum nicht nur dem Krankenbett als Ateliersatz geschuldet, sondern auch ihrer Finanzlage, die sie zwang, viele kleine Werke für den unmittelbaren Verkauf zu produzieren. Der Mäzen Eduardo Morillo Safa gewährleistete allerdings regelmäßige Einnahmen, denn er kaufte im Laufe der Jahre etwa dreißig Bilder von ihr, darunter allein fünf Porträts seiner Familienmitglieder.

Malerisch setzte Frida sich auch skeptisch mit dem Thema Hoffnung auseinander. Im Jahr 1945 entstand das sehr kleine Gemälde *Ohne Hoffnung* oder *Mir bleibt nicht die geringste Hoffnung*, das nur 26 mal 36 Zentimeter misst. Kahlo malte sich weinend, im Bett liegend, über ihr die Bettstaffelei. Im Hintergrund ist die öde Lavalandschaft des Pedregal zu sehen, rechts eine feuerballartige Sonne, links ein blasser Vollmond, Symbole für Tag und Nacht, Mann und Frau. Die Malerin stellt sich selbst zusätzlich mit einem in Blut- und Fleischfarben gemalten Klumpen dar, der aus ihrem Mund steil nach oben wie aus einem Vulkan oder Trichter ejakuliert wird. Er besteht aus Fischen, Geflügel, aufgeschnittenen Riesenfrüchten und einem weißen mexikanischen Zuckerschädel, der ihren Namen trägt. Sie spuckt gewissermaßen angeekelt ein blutiges Stillleben in europäischer Tradition aus. Natürlich kann auch der Ekel angesichts von Nahrung nach einer Operation Ausgangspunkt für diese Vision sein. Hayden Herrera bezieht sich bei ihrer Interpretation des Bildes[42] auf verschiedene Hinweise, unter anderem auf die Zeilen auf der Rückseite des Bildes, die Kahlo in gereimter Form aufbrachte und die auf Deutsch besagen: »Mir bleibt nicht mehr die geringste Hoffnung / Alles dreht sich darum, was der Bauch enthält.« Sie berichtet, dass Frida nach ihrer Operation zum Essen angehalten wurde und dieses alle zwei Stunden in pürierter Form erhielt, was ihr großen Ekel verursachte. Auch bei dieser Interpretation bedeutet das Bild einen Tabubruch, einen Bruch mit dem, was traditionell darstellungswürdig ist und was nicht.

Ein weiteres Bild entstand 1945, das sich von den meisten ihrer bisherigen Werke radikal unterscheidet, denn erstmals unternimmt Kahlo es, einen Text ins Bild zu setzen, nämlich *Der Mann Moses und die monotheis-*

tische Religion von Sigmund Freud. Das Bild *Moses oder der Sonnenkern* war ein Auftragswerk, für das sie bei der jährlichen Kunstausstellung im Palacio de Bellas Artes von Mexiko-Stadt 1946 den zweiten Preis erhielt.

Mit Recht betonte Kahlo anlässlich der Preisverleihung, der Freudtext über Moses sei für sie lediglich ein Ausgangspunkt gewesen, sie habe ihn nicht illustrieren wollen. Sie bekannte, zwar sei Moses beziehungsweise seine Geburt auch in ihrem Bild das zentrale Thema, sie habe jedoch Vorgänge und Bilder, die sie beim Lesen beschäftigten, »auf meine eigene (sehr konfuse) Weise verallgemeinert […]. Was ich eindringlicher und klarer darstellen wollte, ist die Erkenntnis, dass der Drang des Menschen, sich Helden und Götter zu erschaffen oder vorzustellen, in purer *Angst* begründet ist. Angst vor dem Leben und vor dem Tod.«[43]

Und in der Tat schuf sie kein Gemälde von der Entstehung des Monotheismus, sondern »füllt das Bild mit einer irrwitzigen Sammlung aller möglichen Götter« an sowie mit einer Galerie von »Helden und Schurken der Geschichte«[44]. Die Komplexität des Bildes spiegelt Fridas damals großes Interesse für die Weltreligionen, den Hinduismus und den Buddhismus wider, die ihrerseits in ihren Augen eine Verwandtschaft zur Religion der Azteken hatten, da sie eine ewige Wiederkehr von Leben und Tod und die Reinkarnationen postulierten. Frida als Atheistin sah alle Religionen als gleichwertig an, daher konnte sie alle abbilden. Ebenso waren ihr auch die sogenannten guten Helden gleichwertig mit den bösen wie etwa Hitler. In die Reihen der menschlichen Helden nahm sie interessanterweise keine Künstler auf, diese verschwinden bei ihr in der Masse der »normalen« Menschen. Den einzigen Hinweis darauf, dass auch Diego Rivera in ihrer Sicht heldische Qualitäten hatte, findet man in dem Faktum, dass sie dem Kind Moses im Körbchen die Züge ihres Mannes verlieh.

Das Bild steht wie ein Solitär im Werk und Leben Frida Kahlos: Sie verwirklichte damit eine Form der Malerei, die eher typisch für Diego Rivera war, das Programmbild, das Bild als geschichtliche, politische und künstlerische Botschaft. Es zeigt auf der psychischen Ebene, wie zentral in Kahlos Vorstellung die Themenkomplexe Liebe und Sexualität einerseits sowie Angst und Tod andererseits sind. Mit diesem Bild gelang es Frida, ihr Weltbild zu verdeutlichen.

Weitere Verwundungen

Schon im Februar 1946 dachte Frida Kahlo trotz großer Erschöpfung über eine neue Operation nach. Sie trat hierzu an den berühmten Orthopäden Wilson in New York heran. Dieser operierte sie Anfang Juni 1946. Die Schwester Cristina begleitete sie nach New York. Bei dem Eingriff wurden vier Rückenwirbel fest miteinander verbunden. Zwei Monate lang blieb Frida im Krankenhaus, aber sie glaubte noch an eine komplette Heilung. Später hat sie diese Operation als »Beginn vom Ende« bezeichnet.[45] Während der Rekonvaleszenz war ihr auch das Malen im Bett verboten worden, aber sie ließ es sich nicht ausreden und schuf im Krankenhausbett eines ihrer berührendsten Bilder, *Der verletzte Hirsch* (Öl auf Masonit, 22,4 auf 30 Zentimeter).

Darauf stellte sich Frida als kleinen Hirsch mit ihrem eigenen Kopf dar. Ihr Reh Granizo war das Vorbild. Wie auf allen Selbstporträts schaut sie den Betrachter unverwandt an, und erneut erinnern die neun Pfeile, die den Körper des Tiers durchbohren, an das Martyrium des heiligen Sebastian. Das Wild scheint durch den kulissenartig wirkenden laublosen Wald über einen einzelnen am Boden liegenden belaubten Zweig zu fliegen. Dass er an die Sitte der Azteken erinnern soll, einen trockenen Zweig auf ein frisches Grab zu legen, um dem Verstorbenen zu helfen, ins Paradies einzutreten, ist eine mögliche Interpretation.

Nach dem Krankenhausaufenthalt begann Frida Kahlo eine Beziehung zu dem katalanischen Zeichner, Maler und Karikaturisten Josep / José Bartolí (1910–1995), der 1936 die Gewerkschaft der Zeichner Kataloniens gegründet hatte. Sein Lebenslauf weist ihn wie die allermeisten Liebhaber Kahlos als Kommunisten aus. Er hatte im Spanischen Bürgerkrieg auf republikanischer Seite gekämpft und wurde nach Beendigung dieser Kämpfe in verschiedene Konzentrationslager erst in Frankreich, dann in Deutschland (Dachau) verbracht. 1942 floh er und ging ins mexikanische Exil, wo er bis 1946 blieb. Gerade als er in die USA übergesiedelt war, lernte Frida Kahlo ihn kennen. Insgesamt zwanzig Briefe Fridas fanden sich nach seinem Tod in seinem Nachlass. Erst dadurch wurde die langjährige Beziehung – sie währte bis 1952[46] – zwischen ihm und der Malerin öffentlich bekannt, die beide geheim gehalten hatten. Daneben fanden sich auch einige Objekte, Haarschleifen, Schals und ein kleines Medaillon, mit liebevollen Widmungen im Nachlass. Generell suchte Frida Kahlo allerdings im Zuge der schwächer werdenden Gesundheit eher erotische Beziehungen zu Frauen, wobei sie offenbar jene bevorzugte, zu denen Rivera ein Liebesverhältnis hatte.[47]

Erneut versuchte Frida, in der Beziehung zu Bartolí eine vollkommene Verschmelzung zu erreichen. In ihrem Brief vom 29. August 1946 schreibt sie: »Ob nah oder fern, ich möchte, dass Du Dich von mir begleitet fühlst, dass Du intensiv mit mir lebst, ohne dass meine Liebe Dich bei Deiner Arbeit oder Deinen Plänen stört. Ich will so ein inniger Bestandteil Deines Lebens sein, dass ich eins werde mit Dir. Ich habe das Gefühl, Dich

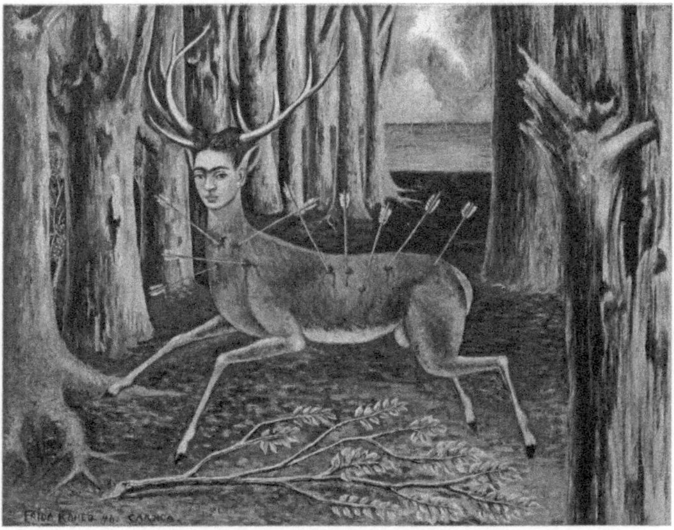

Der verletzte Hirsch oder *Der kleine Hirsch* oder *Ich bin ein armes Wild*, 1946

schon immer geliebt zu haben, seit Deiner Geburt und schon davor, als Du empfangen wurdest. Und manchmal kommt es mir vor, als hättest Du mir das Leben geschenkt […].«[48]

Zunächst wirkte alles so, als hätte die Operation den gewünschten Erfolg gezeitigt. Auch die neue Liebe beflügelte sie, und im Oktober 1946 kehrte Frida zurück nach Coyoacán. Mit dem Namen »Mara« zeichnete sie alle Briefe an Bartolí, die sie an die Freundin Ella Wolfe in New York adressierte mit der Bitte, sie dem Künstler nur persönlich auszuhändigen, wenn er bei Wolfes vorbeischaute. Von ihrem Geheimnis, so schreibt sie, wüssten sonst nur ihre Schwester Cristina, ihr Fahrer Enrique und die beiden Liebenden. Ella gesteht sie auch, dass diese neue Liebe der »einzige Grund ist, weshalb ich wieder Freude am Leben habe«[49].

Seit ihrem ersten außerehelichen Verhältnis mit Isamu Noguchi ließ Frida immer extreme Vorsicht walten, wenn sie einen Liebhaber hatte, um Diego nicht zu verärgern, der zwar ihre amourösen Beziehungen zu Frauen geradezu genoss, solche mit Männern aber immer mit extremer Eifersucht behandelte. Er selbst heiterte Frida hingegen, wie er meinte, mit den lustigen Geschichten über seine Amouren auf.

Das Verhältnis zwischen Diego und Frida war aber im Allgemeinen trotz dieses unstimmigen Punkts der außerehelichen Beziehungen sehr kameradschaftlich – vor allem das Museumsprojekt blieb ein verbindendes Element in ihrem Leben. Allerdings hatten beide 1947 mit Geldsorgen zu kämpfen, und Frida beschloss, das große Haus in Coyoacán zu vermieten. Sie plante die Errichtung einer kleinen Wohnung auf dem Grundstück, im ersten Patio, und quartierte sich übergangsweise bei der Schwester Cristina ein.

In Fridas Malerei stellt man in diesen Jahren speziell anhand der Analyse der Selbstporträts fest, wie sich die Künstlerin immer maskuliner darstellte, indem sie etwa ihren Oberlippenbart verstärkte – auch das Hermaphroditische teilte sie mit Rivera, der mit seinen ausgeprägten Brüsten und seinen zarten Armen und Händen durchaus etwas Feminines an sich hatte. Genau dieses Merkmal zog beide am jeweils anderen an. So soll Rivera einmal regelrecht wütend geworden sein, als sie ihren Oberlippenbart wegrasiert hatte.[50]

Außerdem verstärkte sich bei Frida der intensive, durchdringende, fast obsessive Blick, den sie ihren Selbstporträts verlieh, wohingegen sie früher fast durch den Betrachter hindurchzublicken schien. Und das Gesicht, das vorher immer das einer schönen jungen Frau gewesen war, ein ebenmäßiges Oval, über dem eine symmetrisch gescheitelte Frisur lag, erhielt ab der Mitte der 1940er-Jahre immer scharfkantigere Züge: Die Gesichtspartien zerfallen nun in Sektoren, die Stirn ist nach wie vor makellos, die Augenbrauen werden immer stärker betont, die Augen werden von immer dunkleren Ringen verschattet, die Mund-Nasen-Falten werden stärker, allein die Lippen sind voll wie eh und je. Exemplarisch für diese Entwicklung steht etwa das *Selbstporträt mit offenem Haar* von 1947.

Auch den Dichter Carlos Pellicer (1897–1977), einen langjährigen Freund Riveras, den dieser 1946 sogar porträtierte, als Pellicer Direktor der Abteilung für Schöne

Künste in der Secretaría de Educación Pública war, gewann sie nun zunächst selbst zum Freund, dann, wenig später – so muss man anhand des an ihn ebenfalls mit dem Pseudonym »Mara« unterzeichneten Briefes vom November des Jahres schließen – zum Liebhaber: »Ich himmle Dich [sic!], meine Flügel spannen sich weit aus, um Dich grenzenlos zu lieben. Ich spüre, dass wir seit Ursprüngen zusammen gewesen sind, dass wir aus derselben Materie gemacht sind, aus denselben Wellen, dass wir dasselbe Bewusstsein in uns tragen. Dein ganzes Wesen, Deine wunderbare Art und Deine Bescheidenheit sind unvergleichlich – Du bereicherst das Leben. [...] danke, dass es Dich gibt, denn gestern hast Du mich Dein innerstes Licht berühren lassen und mit Deiner Stimme und Deinen Augen ausgesprochen, worauf ich mein Leben lang gewartet habe [...].«[51]

Inwieweit diese neue Affäre wiederum eine Reaktion auf Diegos nun fester gewordene Beziehung zu Emma Hurtado war, die ihn auch zu öffentlichen Veranstaltungen begleitete, an denen Frida wegen ihrer wachsenden Beschwerden nicht teilnehmen konnten, muss offen bleiben.

Die durch die Operation zunächst erhoffte Besserung ihres Zustands war jedenfalls nicht von Dauer. Frida hielt sich erneut nicht an die dringenden Empfehlungen des New Yorker Arztes, die angegebene Arbeitszeit von zwei Stunden pro Tag nicht zu überschreiten, viele Ruhepausen einzulegen und acht Monate lang ihr neues Stahlkorsett zu tragen. Sie kämpfte mit weiterer Abmagerung, einer Anämie und einer Pilzerkrankung an der rechten Hand. Laut ihrer Schwester Cristina war sie aufgrund der hohen Betäubungsmitteldosen, die sie nach der Operation erhalten hatte, abhängig von Narkotika. Ihre sich damals verändernde Handschrift könnte darauf hindeuten: Sie ist extrem groß, wirkt unkoordiniert und stark emotionalisiert. Selbst dem Kommunismus schreibt Frida eine Heilfunktion für ihre Leiden zu; seit 1948 war sie erneut Mitglied der KP Mexikos.

Ihr Verhältnis zu Diego veränderte sich nun erneut, erhielt immer mütterlichere Züge. Dieses Mutter-Kind-Verhältnis stellt sie etwa in dem Gemälde *Die Liebesumarmung des Universums, die Erde (Mexiko), ich, Diego und Herr Xólotl* dar, auf dem sie eine Art Erdgöttin ist und Diego ihr Kind, das sie wiegend im Arm hält. In dem für Fridas Verhältnisse eher großen Bild (70 mal 60,5 Zentimeter) wird erneut eine senkrechte Zweiteilung in eine Tag- und eine Nachtseite vorgenommen. Es könnte, wenn man nichts von seinen biografischen Hintergründen wüsste, als Beispiel für den magischen Realismus dienen, dem Kahlo in gewissem Maße verpflichtet war, und es strahlt mit Ausnahme eines Details große Harmonie aus – die durch einen roten Blutstrom zerrissene Halspartie der sich selbst Porträtierenden. Das Hündchen auf dem Bild ist nicht nur Abbild von Fridas Lieblingshund, Señor Xólotl, sondern zeigt zugleich denjenigen, der in der altmexikanischen Mythologie das Reich der Toten bewacht. Aus dem Tagebuch geht hervor, wie lange sie sich schon mit diesem Bildprojekt beschäftigt hatte. Während es nur sehr wenige erhaltene Skizzen Fridas gibt, die später zu Gemälden wurden, findet sich darin eine entsprechende Skizze von 1947, bei der man im Vergleich eine bewundernswerte Ökonomie der

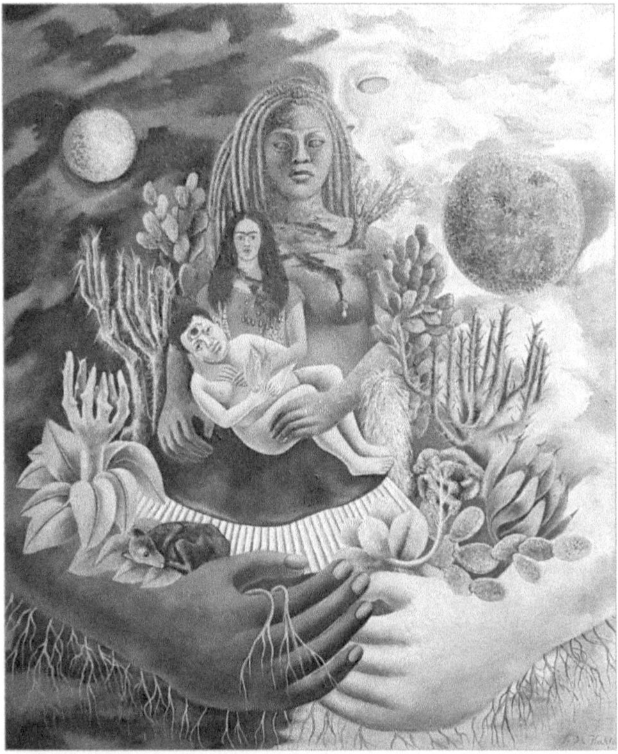

Die Liebesumarmung des Universums, die Erde (Mexiko), ich, Diego und Herr Xólotl, 1949

Mittel feststellt, wohingegen das ausgeführte Bild großen Detailreichtum aufweist.

Vermutlich hatte das Gemälde auch eine Wunschbild-Funktion: Frida sehnte sich immer nach harmonischer Einheit mit Diego, nach ewiger Liebe. Zur selben Zeit hatte Diego jedoch eine intensive Beziehung zu der mexikanischen Schauspielerin María Félix, und diese belastete Frida, da Diego damals einem Reporter gegenüber behauptete, er wolle sich erneut von Frida scheiden lassen, um die Schauspielerin zu heiraten. Diese schwierige Situation löste sich diesmal, völlig untypisch, durch die Weigerung von María Félix auf, Diego zu heiraten. Die mexikanischen Zeitungen kolportierten allerdings, der Star habe einer Heirat mit Rivera zugestimmt unter der Bedingung, dass sie ihre zweiundzwanzig Jahre alte spanische Freundin als Dritte im Bunde in die neue Ehe einbringen könne. Erneut hielten Rivera und Kahlo die Krise aus und blieben beisammen. Gleichwohl war Frida zum wiederholten Male unendlich verletzt.

Der unaufhaltsame Weg

Seit 1947 bestand ein freundschaftlicher Kontakt zwischen dem Paar und der Psychologin Olga Campos (1923–1997). Gerade zwischen den Frauen herrschte eine starke Verbindung. Campos forschte damals zur Psychologie des Schaffensprozesses bei bildenden Künstlern und sammelte Material zu Emotion, Farbe und Linie, führte deshalb mit zahlreichen Künstlern in Mexiko Interviews. Mit Frida Kahlo sprach sie ab dem 5. Juli 1949 und über das Jahr 1950 hinweg. Offenheit war die Voraussetzung, und wie die anderen Künstler auch erschloss Frida Campos ihre gesamte Biografie. Sie wurde auch eingeweiht, dass Rivera Frida am 17. Juli um die Scheidung gebeten hatte: Er wollte nun seine langjährige Geliebte Emma Hurtado heiraten, die wie zuvor Frida, die dazu nicht mehr in der Lage war, sein gesamtes geschäftliches und gesellschaftliches Leben organisierte. Erst zwei Wochen vor dieser Bitte hatte María Felix ihre Affäre mit Rivera beendet, unter der Frida so gelitten hatte wie nur unter Riveras Liebesverhältnis zu ihrer Schwester Cristina. Dass diese beiden zeitlich korrelierten Ereignisse auf derselben Skala der Verzweiflung für Frida angesiedelt waren, zeigen ihre Antworten auf bestimmte Fragen Campos', darunter zu den Themen Liebe, Sexualität und Tod.[52]

»Liebe ist die Grundlage allen Lebens.

Der Typ Mensch, in den ich mich verlieben kann, muss sehr sinnlich sein und mich vor allem sexuell anziehen.

Ich glaube nicht, dass ich mich auf den ersten Blick verlieben kann. […]

Ich verliebe mich nicht häufig. Ich kann mich an zwei Male erinnern.

Es ist richtig, Sex mit denen zu haben, die wir lieben, wer sie auch immer sein mögen.

Für zwei Menschen, die sich anziehend finden, ist es angenehm, eine sexuelle Beziehung zu leben.

Ich kann mir nicht vorstellen, ohne sexuelle Befriedigung verliebt zu sein.

Es ist richtig, ein sexuelles Verhältnis mit jemandem zu haben, mit dem man keine Beziehung führt, selbst dann, wenn man sich nicht liebt. […]

Beim Sex ist alles gut, das Genuss bereitet, alles, das wehtut, ist schlecht.

Es ist gut, Sex zu haben. […]

Homosexualität ist sehr richtig, sehr gut.

Sadismus und Masochismus gefallen mir nicht. Im Allgemeinen halte ich sexuelle Perversionen für eine sonderbare Sache.

Nichts hat mich von sexuellen Aktivitäten abgehalten, nur Krankheit.«[53]

Zum Thema Tod äußerte sie unter anderem folgendermaßen:

»Ich denke sehr häufig an den Tod, zu häufig.

Ich wollte aus Verzweiflung sterben. 1935 dachte

ich an Selbstmord und ein weiteres Mal vor einem Jahr [1949]. Das zweite Mal versuchte ich es. Ich würde Barbiturate empfehlen, um einzuschlafen.

Die Beziehung zwischen Liebe und Tod ist dialektisch: Es sind Gegensätze. […]

Ich weiß nicht, was ich täte, wenn man mir sagte, ich hätte noch eine Stunde zu leben. Ich stelle mir vor, dass ich beim Sterben an Diego dächte.«[54]

Die Interviews des Jahres 1950 wurden höchstwahrscheinlich alle im Krankenhaus geführt, denn zu Beginn dieses Jahres hatte sich Fridas körperlicher Zustand erheblich verschlechtert, und sie lag für fast ein Jahr in Mexiko-Stadt im American British Cowdray Hospital, wo Dr. Juan Farill ein Implantat in die Wirbelsäule einsetzen wollte. Inzwischen war an Fridas rechtem Fuß Wundbrand aufgetreten, und Dr. Farill wollte den Fuß mit seiner Wirbelsäulen-OP retten. Erneut hatte die Künstlerin stark abgenommen und stand damals bereits seit drei Jahren unter dem Einfluss hoher Dosen Demerols gegen Schmerzen und Seconals gegen Schlafstörungen, Letzteres ein narkotisierendes Mittel, bei dessen Einnahme man strikt von Alkohol abrät, weshalb Frida offenbar keinen Alkohol mehr zu sich genommen hatte. Doch das Implantat wuchs nicht an, und die Wundheilung verzögerte sich, die Wunde infizierte sich, während der Wundbrand im Fuß von selbst zurückgegangen war, nachdem die Zehenglieder abgefallen waren. Aufgrund dieser unbefriedigenden Lage wurden weitere Operationen notwendig.

Rivera verbrachte die Nächte meist in einem kleinen Raum neben dem Krankenzimmer Fridas, und immer wenn er da war, strahlte sie Fröhlichkeit aus, dann ging es ihr besser, war er jedoch wegen Arbeitsaufträgen abwesend, weinte sie, was ihre Gesundung hemmte. Die Schwankungen ihres Gesundheitszustands wurden dramatisch.

Fridas Krankenzimmer besaß, je länger sie dort lebte, ein Festambiente. Die Wände waren mit kommunistischen Plakaten und Judasbildnissen dekoriert, für die Gäste gab es den üblichen Tequila, täglich um 16 Uhr zeigte der Vorführer auf einem Projektor einen der von Diego ausgeliehenen Filme, egal ob Frida am Morgen operiert worden war und noch unter der Narkose dämmerte oder nicht.

Anfang November hatte sie aufgrund der nicht weichen wollenden Komplikationen bereits die siebte Operation hinter sich, aber nun begann sie wieder im Bett zu malen, wie nach ihrem Unfall, immerhin vier bis fünf Stunden am Tag. Aufs Neue beschäftigte sich die Malerin mit einem Thema, das sie bereits Jahre zuvor realisiert hatte – ihrem Familienstammbaum. Sie sollte *Meine Familie*, das dreizehn Porträts und einen Embryo zeigt, nie vollenden. Das Bild sollte vermutlich tröstende Wirkung auf sie ausüben, indem es ein »Ich bin nicht alleine« formulierte.

Frida verließ das Krankenhaus im Rollstuhl. Ihrem Arzt, dem Chirurgen Dr. Farill, blieb sie treu. Kurz danach, zu Beginn des Jahres 1951, entstand eines ihrer letzten Selbstporträts: Auf dem Bild sieht man in einem ansonsten leeren Raum zur Linken die Malerin im Rollstuhl. In ihrer linken Hand hält sie statt einer Palette ein

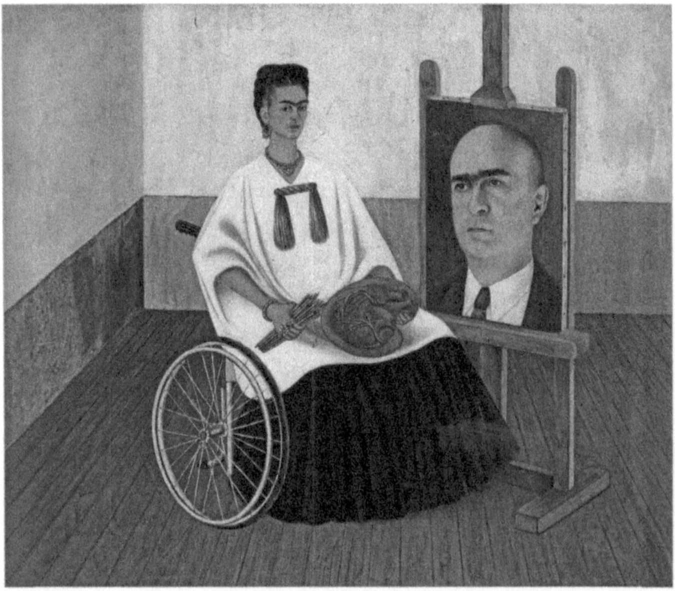

Selbstbildnis mit Bildnis Dr. Farill, 1951

offenes Herz, in ihrer rechten statt eines Pinsels ein Bündel angespitzte Pfeile, von einem tropft Blut. Ihr schräg zugewandt befindet sich im Bild ein weiteres Bild, auf einer Staffelei stehend, Frida Kahlos Porträt von Dr. Farill. Dem Arzt »verpasste« Frida die gleichen sich über der Nasenwurzel treffenden Augenbrauen, die sie selbst auszeichneten, die der Arzt jedoch gar nicht besaß.

Frida malte im Grunde ihre Version eines Votivbilds *(retablo)*, wobei Dr. Farill in der Position des Heilung gewährenden Heiligen, sie selbst als Geheilte aber zugleich die Schöpferin des Bildes ist, wodurch eine paradoxe Konstellation entsteht: Das eigentliche Objekt/Opfer der Wunderheilung ist gleichzeitig die Schöpferin des Bildes, wodurch der Heilende/Heilige zum Geschöpf seines Opfers wird. Durch diese Inversion befinden sich beide Dargestellten auf gleicher Ebene. Außerdem ist, anders als beim eigentlichen Votivbild, die Heilung noch nicht geschehen – es ist ein Wunschbild und zugleich erneut das Ausstellen unendlichen Leids: Seht her, ich bin verwundet, mein offenes Herz, dieser Rollstuhl sagen alles.

Fridas Zustand sollte sich nach der Entlassung aus dem Krankenhaus kontinuierlich verschlechtern. Der Rollstuhl wurde ihr Fortbewegungsmittel.

Der tiefinnerlich beherrschende Teufelskreis zwischen ihrer psychischen Verfasstheit und ihrer Bedürftigkeit nach Liebe (zu Diego Rivera), verbunden mit den psychischen Verletzungen, den dieser narzisstische Künstler ihr zufügte, war wahrscheinlich das Vehikel ihres zum Tode führenden Krankheitsprozesses, der auch ein Prozess der permanenten Selbstverurteilung zu immer neuen Operationen, also Martyrien war.

Aber auch Rivera erkrankte 1952 schwer, er litt an einem Peniskarzinom und musste bestrahlt werden. Für Frida, die immer wieder äußerte, wenn Diego nicht mehr wäre, wollte sie auch nicht leben, er sei ihr Kind, ihre Mutter, ihr Vater, Geliebter, Mann, kurz alles, war dies eine furchtbare Phase. Jetzt zahlte es sich aus, dass sie immer schon zu ihren Hausangestellten ein herzliches Verhältnis gepflegt hatte, dass diese quasi zur Familie gehörten. Unter ihnen nahm eine Person eine besondere Position ein: Der Hüne Chucho trug Frida herum, badete sie, half ihr beim Auskleiden. Daneben gab es jedoch ab sofort auch eine fest angestellte Krankenschwester, die sich um die Malerin kümmerte. Judith Ferreto, die ab 1953 dieses Stellung innehatte, wurde sogar zur persönlichen Freundin, die allerdings ein strenges Regime führte, sodass es auch zu Konflikten kam. Ferreto war jedoch der einzige Mensch, der an Fridas Leiden wirklich Anteil nahm. Später hat sie sich erinnert: »Ich musste mich Tag und Nacht um sie kümmern, denn sie litt ständig unter Einsamkeitsängsten, vor allem während der Nacht, selbst wenn eine Menge von Leuten zugegen war … Unsere Betten standen im selben Raum. Bei Frida konnte man nicht wie eine normale Pflegerin arbeiten. Welche Krankenschwester legt sich schon zu ihrer Patientin ins Bett oder sitzt stundenlang am Bettrand einer Kranken?«[55]

Auch andere Freundinnen besuchten die Kranke, erledigten kleine Dienste, blieben auch, bis sie eingeschlafen war, wenn die Krankenschwester einmal ruhen musste. Es waren neben einigen *cachuchas* von früher (wie Alejandro Gómez Arias) fast nur Frauen: María Félix, mit der sie wieder Freundschaft geschlossen hatte, Dolores del Río, die Schwestern, unter denen Cristina die Vertrauteste war. Sie übernahm die Rolle der Hausfrau in Coyoacán. Und schließlich war es ab Ende Mai 1953 die aus Argentinien stammende Kunsthistorikerin Raquel Tibol (1923–2015), die aufgrund ihres großen Interesses an der Wandmalerei-Bewegung nach Mexiko gekommen war, um Diego Rivera und andere zu interviewen, mit der sich Frida umgehend anfreundete und die daher eingeladen wurde, im Haus zu leben. Als Frida mit ihr jedoch (wie auch mit anderen Freundinnen) eine erotische Beziehung anfangen wollte, wies Tibol Frida zurück und zog in Riveras Haus nach San Ángel um. Aus – diesmal womöglich unbegründeter – Eifersucht versuchte Frida, sich an ihrem Betthimmel aufzuhängen.[56]

Gelegentlich wurde Frida von ihrem Arzt im Kabriolett ausgefahren, manchmal gelangen ihr sogar ein paar Schritte oder sie besuchte in Begleitung der Pflegerin einen ihrer geliebten Märkte. Sie war bekannt wie ein bunter Hund, die Menschen hefteten sich an ihre Fersen. Wenn es möglich war, besuchte sie ein Kino oder ein Restaurant. Belebend wirkte damals auf sie vor allem der Vorschlag der Galeristin Lola Álvarez Bravo zu Beginn des Jahres 1953, Frida durch eine große Retrospektive in ihrer Galerie zeitgenössischer Kunst zu ehren – die erste in Mexiko und bis dato unüblich bei lebenden Künstlern. Doch hier hatte die Galeristin den richtigen Impuls, der Vorschlag vermochte Fridas Gesundheitszustand vorübergehend zu verbessern. Vom Bett aus bereitete Frida die Ausstellung vor und war wie im Rausch. Die Einladungen stellte sie selbst her.

Doch der Gesundheitszustand wurde gerade im

Vorfeld der Eröffnung am 13. April 1953 wieder prekär. Unklar war, ob die Malerin überhaupt an der Vernissage würde teilnehmen können. Doch Frida wollte sich zeigen, sie wusste, dass zahlreiche in- und ausländische Journalisten anwesend sein würden. Es war eindeutig der Höhepunkt ihrer Karriere. In der allgemeinen Unsicherheit beschloss Rivera vorsorglich, zumindest das Bett seiner Frau in die Ausstellungsräume transportieren zu lassen. Als die Sirenen eines Krankenwagens ertönten, erlebten die Besucher, wie die Trage mit der geschmückten, wohlfrisierten Frida in den Raum getragen wurde, wo sie in ihrem Bett Platz nahm, das mit den Judasfiguren und -skeletten an den Tod gemahnte, mit seinen vielen Fotos von marxistischen Idolen und Familienmitgliedern aber auch Zeugnis davon ablegte, dass die Künstlerin am Leben und an ihren Hoffnungen hing. Die Riesenaugen der Kahlo sprachen allerdings auch von der Riesendosis an Betäubungsmitteln, die sie nehmen musste.

Die Ausstellungseröffnung wurde erneut zur Fiesta, Carlos Pellicer rezitierte ein Frida gewidmetes Gedicht, sie antwortete mit dem Gesang ihrer volkstümlichen *corridos.* Zwiespältig war die Reaktion der Menschen auf die Veranstaltung: Die einen waren berührt und beeindruckt, die anderen nahmen einen inszenierten, unerträglichen Exhibitionismus wahr – und in diesem Spannungsfeld bewegten sich schon seit vielen Jahren Leben und Werk Frida Kahlos.

Die letzten Jahre

Aus der Diskrepanz zwischen ihrem wachen Geist einerseits, den fehlenden Kräften und den Schmerzen andererseits entwickelten sich neue Probleme. Fast ununterbrochen stand Frida unter Schmerzmitteln, die auch ihre Wachphasen beeinflussten, und wenn nicht, trank sie Alkohol. Nach dem Ende der Ausstellung litt sie unter massiven Depressionen und versuchte mehrfach, ihrem Leben ein Ende zu setzen. Der Wundbrand im rechten Fuß verursachte schreckliche Schmerzen, und schließlich schlugen die Ärzte Dr. Farill und Dr. Velasco y Polo der Malerin die Amputation des rechten Fußes und Unterschenkels bis unter das Knie vor.

Damit hatte sie nicht gerechnet und reagierte ablehnend. Ein künstliches Bein versprach man ihr, mit dem sie laufen können würde. Sie hätte keine Schmerzen mehr. Von den Argumenten ließ sie sich endlich überzeugen, sie wollte weiterleben – für Diego. Doch dieser zweifelte mittlerweile daran, dass sie die Operation überstehen würde.

Im Tagebuch zeichnete sie jetzt abgetrennte Füße und schrieb darunter: »Füße wozu brauche ich sie / Wenn ich Flügel habe zu fliegen.«[57] Auch erfand sie engelhafte Wesen, die sie von allem Leid, aller Erdenschwere befreiten, indem sie ihr das Fliegen ermöglichten. Im Grunde ahnte sie jedoch, dass keine Hoffnung auf Besserung bestand, und malte bewusst/unbewusst ihre eigenen Todesengel.

Die Operation am 27. Juli 1953 glückte, aber Frida, die Lustige, Burschikose, Gesellige, verweigerte jeglichen Besuch, selbst den Diegos. Sie war depressiv, begriff, dass die Amputation so etwas wie ein Tod auf Raten war. Außerdem erfuhr sie, dass Emma Hurtado, Diegos Geliebte, bereits in der *casa azúl* in Coyoacán lebte und so tat, als wäre sie die Hausherrin. Ihr Lebensgrund, Diego, hatte sie in seiner Gefühllosigkeit, seinem Egoismus aus ihrem Heim verdrängt. Ein neuer Selbstmordversuch war die Folge, sie versuchte es mit Tabletten. Dieses starke Geschütz veranlasste Rivera, Emma Hurtado zum Auszug aus dem Blauen Haus zu bewegen, und noch einmal kehrte Frida dorthin zurück. Aber die Depressionen wichen nicht, eher wurden sie massiver, und Rivera riet ihr, sich lieber mit Alkohol zu betäuben als mit Tabletten.

Frida konnte nicht mehr auch nur für Stunden alleine bleiben und lehnte die Prothese ab, bis sie auf die Idee kam, sich rotlederne Spezialstiefel anfertigen zu lassen, unter denen niemand die Prothese vermuten würde. Sie übte das Laufen und konnte drei Monate nach der Operation wieder kurze Strecken selbstständig gehen. Für Außenstehende wirkte es vielleicht so, als hätte sie es erneut geschafft, doch in Wahrheit war die Amputation ein Schock gewesen, und immer wieder wünschte sie sich den Tod herbei.

Dennoch ging sie noch einmal ans Malen. Ab 1952 hatte sich auf den Bildern, zumeist Stillleben, der Abusus von Betäubungsmitteln und Morphium gezeigt, wie es zumindest einige Kritiker hervorheben, eine grobe, fahrige Malweise, aggressivere Farben, ein dickerer Farbauftrag, die andere Pinselführung sprechen dafür.

Immer schon hatten ihre Stillleben – jenseits der dargestellten Früchteassortiments – eine symbolische Bedeutung, und gerade zum Lebensende hin hegte Kahlo den Wunsch, mit ihren Bildern der Revolution zu nützen, die sie im Sinne des Kommunismus ersehnte. So sind auch bei dem Stillleben *Viva la vida und Dr. Farill* verschiedene Details politisch zu deuten: die weiße Friedenstaube vor den Früchten, die mexikanische Flagge als Ausdruck ihres Nationalgefühls, der blutrote Hintergrund des Bildes als Hinweis auf ihre kommunistische Gesinnung, schließlich Sonne und Mond als Symbole für ihre Überzeugung, dass alle Gegensätze letztlich eine Einheit sind. Die Stillleben zeigen wie schon die Selbstporträts immer wieder Kahlos Leiden, sie verschlüsseln sie jedoch. Weinende Kokosnüsse, exakt aufgeschnittene und damit verletzte, sezierte Melonen und Orangen: Im Gegensatz zu dem in den romanischen Sprachen üblichen Begriff *nature morte* (tote Natur) für das Stillleben versuchte Frida Kahlo, Totes zu beleben, ließ die Früchte leiden, gestand ihnen ein Eigenleben zu.

Es entstanden außerdem drei weitere Selbstbildnisse: *Selbstbildnis mit dem Bildnis Diegos auf der Brust* (1953), *Selbstbildnis mit Stalin* oder *Frida und Stalin* (um 1954) und das letzte große Selbstbildnis *Der Marxismus wird die Kranken heilen* (1954). Speziell das Bild von 1953 zeigt einen fast schon entrückten Blick der Malerin ihrer selbst: Das Leid scheint verschwunden zu sein, keine Falten im Gesicht oder am Hals sind erkennbar, die Konflikte spielen sich nur noch auf der Ebene der Farben ab. Die starken Komplementärkontraste von Rot und Grün, gemildert durch Schwarz, stimmen hoffnungsvoll, wie überhaupt Rot und Grün in dieser Lebensphase die Hauptfarben ihrer Palette waren.

Auf dem letzten Selbstporträt malte Frida sich als Ganzfigur im Tehuana-Rock. Eine im Hintergrund sichtbare Hand, die von Karl Marx, umklammert den Hals eines Zylinder tragenden Mannes (Uncle Sam, der für den US-Kapitalismus steht), der den Körper des ebenfalls für die USA stehenden Weißkopfseeadlers hat. Jetzt steht sie mit einem Korsett da, zwei weitere Hände umgeben sie fast liebevoll, wollen ihr wahrscheinlich dabei helfen, auch das einzwängende Mieder abzulegen (Sind dies weitere Hände von Karl Marx, auf der einen erscheint jedenfalls das dritte Auge, das Kahlo öfter auf wichtigen Bildern eingesetzt hat). In der Hand hält sie ein rotes Buch, sicherlich *Das Kapital*, die Bibel des Marxismus – links und rechts von ihr sind Krücken erkennbar, die sie jedoch nicht benutzt. Eine weiße Friedenstaube flattert von links oben auf einer Weltkugel reitend in das Bild. Karl Marx jedenfalls ist auf dem Bild dem Herrgott oder einem Heiligen gleichgesetzt, man sieht ihn mit weißem Rauschebart gütig herunterschauen. Die Botschaft ist eindeutig, der Titel fasst sie gut zusammen: Marx ist der Heilsbringer, wer an ihn glaubt, braucht keine Krücken mehr, bald auch kein Korsett, wird gesunden und in ewigem Frieden, und nicht mehr im Kapitalismus leben. Dieses Bild zeigt so deutlich wie keines der übrigen Werke der Malerin den Religionscharakter, den der Marxismus für sie angenommen hatte. Kahlo benutzt das Genre des christlichen Votivbildes, unterlegt ihm jedoch einen marxistischen Sinn. Sie malte nun, da ihr Leid fast keine Steigerung mehr kannte und irreversibel geworden war, überraschenderweise ein Bild von der Abwesenheit des Leids.

Der Alltag sah anders aus. Eine Wesensveränderung ging mit ihr vor: Hypernervosität, Streitlust, Empfindlichkeit gegen Geräusche und Kinder, Aggression, die sich sogar in Tätlichkeiten gegen Besucher entlud. Im Juni 1954 schmiedete sie plötzlich Reisepläne, wollte ein Kind adoptieren und kaufte für Diego einen Goldring für die silberne Hochzeit am 21. August. Eine scheinbare Besserung des Gesamtzustands trat ein, der sich objektiv wegen der fortgeschrittenen Osteomyelitis und der Durchblutungsstörungen gar nicht mehr bessern konnte. Gegen Ende Juni erkrankte sie an einer Lungenentzündung, erholte sich aber erstaunlicherweise auch davon. Sie wollte sogar unbedingt am 2. Juli 1954 mit auf der Straße dabei sein, um mit 10 000 Mexikanern gegen die Machenschaften der CIA zu demonstrieren, die zum Sturz des Präsidenten von Guatemala geführt hatten. An diesem nassen Tag in der Regenzeit trug sie, im Rollstuhl sitzend, ein helles Kopftuch, ballte die Faust für ein Foto, hielt das Plakat einer Friedenstaube an einem Stock in die Luft. Ihre Züge gleichen denen einer alten Frau. Diego Rivera hinter ihr lächelt resignativ. Vier Stunden war sie bei der Demonstration – die Lungenentzündung kehrte zurück.

Wenige Tage später verließ sie nachts das Bett, um ein Bad zu nehmen. Auch das gegen den ausdrücklichen Rat der Ärzte. Und selbst ihren Geburtstag am 6. Juli erlebte sie, an dem viele Besucher gratulierten und mindestens hundert Menschen bei ihr eine Mahlzeit einnahmen. Sie war präsent, reich geschmückt, frisiert, geschminkt. Frida zeichnete im Tagebuch erneut geflügelte weibliche Gestalten, nur einen schwarzen Engel darunter. Der letzte Worteintrag, undatiert, lautet: »Fröhlich warte ich darauf, das Haus zu verlassen – und hoffe nie wiederzukommen – Frida«[58]

Hat Frida Kahlo schließlich selbst Hand an sich gelegt, hat sie eine Überdosis an Beruhigungsmitteln genommen? Mehrere gescheiterte Suizidversuche könnten dafür sprechen. Jedenfalls starb sie in der Nacht vom 12. auf den 13. Juli 1954. In den amtlichen Unterlagen ist Lungenembolie als Todesursache eingetragen worden.

Bis halb drei Uhr früh hatte Rivera nach eigenen Aussagen an ihrem Bett gesessen, nachdem Frida ihm zuvor den für den Hochzeitstag gedachten Ring geschenkt hatte. Die letzte Pflegerin, Señora Mayet, behauptete indes, er sei bereits am Abend in sein Atelierhaus zurückgefahren. Rivera verfiel innerhalb weniger Tage äußerlich, wollte ihren Tod nicht wahrhaben. Ein Arzt musste ihm am Tag der Aufbahrung durch einen kleinen Schnitt in Fridas Halsschlagader beweisen, dass kein Blut mehr durch ihre Adern floss.

Frida Kahlos Sarg wurde ehrenhalber in der großen Halle des Palasts der Schönen Künste aufgebahrt. Einer der Fridos bedeckte ihn mit einer roten Fahne, geschmückt mit Hammer und Sichel. Wie sie es verfügt hatte, wurde ihr Leichnam verbrannt.

Rivera schrieb in seiner Autobiografie, in der er Frida nur an wenigen Stellen erwähnt, dass er zu spät erkannt hatte, dass die Liebe zu ihr der wunderbarste Teil seines

Lebens gewesen sei. Weniger als ein Jahr später heiratete er, wie er es schon zu Fridas Lebzeiten vorgehabt hatte, seine letzte Geliebte, Emma Hurtado, mit der er noch drei Jahre zusammenleben konnte, bevor er am 24. November 1957 in seinem Atelier an einem Herzinfarkt starb.

Seinem Wunsch, seine Asche solle mit der ihren vereinigt werden, entsprach man nicht. Rivera wurde in der Rotunde der berühmten Männer auf dem Dolores-Friedhof von Mexiko-Stadt bestattet. Sein letzter Plan jedoch, aus der *casa azúl* ein Museum zu machen, ging in Erfüllung.

Nachruhm, Vereinnahmung und Lernen von Frida

Zu Lebzeiten des Paars war Diego der weitaus berühmtere Künstler, seine Wandmalereien waren in Mexiko und den USA gleichermaßen gefragt und erzielten hohe Preise. Frida konnte damals vor allem als die Frau Riveras, Frida Kahlo de Rivera, reüssieren, und da sie in allen Belangen geradezu das Gegenteil von ihm darstellte – als Person und als Malerin –, war das eine durchaus von Erfolg gekrönte Strategie, um selbst bekannter zu werden.

Die New Yorker und die Pariser Ausstellung (1938 und 1939) hatten bewirkt, dass Frida Kahlo schließlich auch in Mexiko einen besseren Status als Künstlerin und später als Kunstdozentin erhielt. Doch erst die Ausstellung von 1953 in Mexiko-Stadt leitete das Phänomen ein, das später als »Fridomanía« bekannt wurde: Frida zog plötzlich Fans an, und das sollte auch nach ihrem Tod so bleiben und in immer neuen Wellen immer weitere Kreise einbeziehen. Bis heute.

Hinzu kam der Plan Riveras, die *casa azúl* nach seinem Tod zu einem Museum für Frida umzufunktionieren, und dieser ging ab den 1980er-Jahren auf: Jetzt war Kahlo einem größeren Publikum bekannt, man wollte den Ort kennenlernen, an dem eine authentische Frau und Künstlerin gelebt hatte und gestorben war, für die auch das Leben ein Kunstwerk war *(»Viva la vida!«* – Es lebe das Leben!), die aus sich und ihrer Umgebung eine personenbezogene künstlerische Inszenierung gemacht und die einem Dasein voller Krankheit ein trotziges »Ich will leben und schaffen« entgegengeschleudert hatte. Im Blauen Haus kann man viele Gegenstände ihres Alltags als Frau und Künstlerin sehen und in die fesselnde exotische, kreative Atmosphäre eintauchen. Seit 2004 sind auch Räume wie ihr Bad, das als Archiv diente, zugänglich, die lange verschlossen waren.

Von der Liebe des Paars zu seiner Heimat Mexiko und der prähispanischen Kultur spricht auch das Museum in Anahuacalli, das Rivera mit Fridas Hilfe seit 1942 geplant hatte, dessen Fertigstellung jedoch beide nicht mehr erlebten. 50 000 Objekte hatte Rivera zusammengetragen, die in der den aztekischen Tempeln nachempfundenen Pyramidenarchitektur aus dunklem Lavagestein seit 1964 präsentiert werden.

Während diese Objekte und Riveras Wandgemälde jedoch an die Orte gebunden sind, an denen sie entstanden, konnten und können die wesentlich handlicheren und mobilen Werke Fridas, die nicht durch Diegos letzten Willen an ihrem Standort Mexiko zu verbleiben haben[59], reisen und tun dies auch seit den 1980er-Jahren immer wieder.

Zuvor hatte die Frauenbewegung der 1970er-Jahre Frida Kahlo in den USA und Europa bekannt gemacht, vor allem als eine Ikone des Leidens unter dem Machismo und des Aufbegehrens dagegen. Diese feministische Sichtweise auf Kahlo schuf die Grundlage für das Interesse an der Malerin, ihrem Leben und ihrem Werk, das von vornherein als eine untrennbare Einheit aufgefasst wurde. Und so hatte Frida Kahlo dies auch für sich selbst definiert. In der Phase dieser frühen Rezeption wurde jedoch so gut wie nichts über die malerische Qualität ausgesagt, ihr Werk wurde lediglich stark in den Bereich der mexikanischen Volkskunst und des Surrealismus gerückt, wie es schon André Breton getan hatte.

Doch in nachfolgenden Ausstellungen setzte man sich immer eingehender mit Kahlos Werk auseinander, mit ihren Vorbildern, ihrem kunstgeschichtlichen und literarischen Hintergrund, ihrem genauen, von der Fotografie geprägten Blick. Folgende Ausstellungen waren Meilensteine für die Rezeption des Werks von Frida Kahlo und boten in ihren Katalogen immer wieder neue Informationen zum Kontext:

1982	*Frida Kahlo and Tina Modotti.* London, Whitechapel Art Gallery; Berlin, Haus am Waldsee; Kunstverein Hamburg und Kunstverein Hannover
1993	*Die Welt der Frida Kahlo – Das blaue Haus.* Frankfurt a. M., Schirn Kunsthalle
2006	*Frida Kahlo.* Hamburg, Bucerius Kunst Forum
2010	*Frida Kahlo. Retrospektive.* Berlin, Martin-Gropius-Bau
2013/14	*Frida Kahlo / Diego Rivera. L'art en fusion.* Paris, Musée d'Orsay
2015	*Diego Rivera and Frida Kahlo in Detroit.* Detroit Institute of Arts
2019	*Frida Kahlo. Oltre il mito.* Mailand, Museo delle Culture (MUDEC)

2020	*Fantastische Frauen. Surreale Welten von Meret Oppenheim bis Frida Kahlo.* Frankfurt a. M., Schirn Kunsthalle
2021/22	*»Viva la Frida!«.* Assen, Drents Museum

Auch zeitgenössische Künstler und Künstlerinnen setzen sich immer wieder mit Frida Kahlo auseinander, inszenieren sich selbst als Frida wie Yasumasa Morimura (*An Inner Dialogue with Frida Kahlo*, Fotoserie von 2001) oder nehmen ihr Werk zum Anlass für ein eigenes, wie Renate Reichert, die lange in Mexiko gelebt hat, für ihre originelle Miniaturserie von dreidimensionalen Arbeiten, die unter dem Titel *Frida, mi vida* das Gemälde *Die beiden Fridas* mit einer bestimmten Fragestellung versehen, in jeweils einem anderen Interieur interpretieren.

Daneben gibt es seit mehr als dreißig Jahren eine ständig wachsende Flut von Publikationen zu Frida Kahlos Leben und Werk sowie auch Romane, Erzählungen und Lyrik, die durch sie beeinflusst sind (im Anhang eine Auswahl).

Und schließlich war das Leben der mexikanischen Künstlerin farbig genug, um auch das Theater, das Tanztheater und den Film auf sie aufmerksam zu machen. Die zweifellos wichtigste und berühmteste Filmversion ihres Schicksals lieferte Julie Taymor 2002 mit *Frida*: Salma Hayek spielte in der Rolle der Frida neben Alfred Molina und Antonio Banderas (Letztere spielten ohne Gagen).

Dass auch unterschiedlichste Produkte ihr Bild für die Werbung benutzen, unter anderem eine Tequila-Sorte, ist die Kehrseite der ungeheuren Popularität dieser Frau und Künstlerin.

Das sollte aber niemanden daran hindern, sich ernsthaft mit ihr zu beschäftigen. Frida ist zwar schon lange tot, aber sie lebt weiter für alle die, die sich für sie interessieren, lebt in ihren Bildern, in den eindrucksvollen Fotografien so vieler begnadeter Fotografen, lebt in den Köpfen und Herzen von ganz vielen Menschen, Kranken und Gesunden, Kreativen, Modebegeisterten, politisch Aktiven, solchen, die Männer und Frauen zugleich lieben, solchen, die unter Krankheiten oder der Untreue ihres Partners leiden und denen sie Mut und Lebensfreude schenkt und ihnen zuruft: *»Viva la vida!«* Das Leben zu lieben auch unter widrigsten Umständen, sich selbst immer wieder am eigenen Schopf aus dem Sumpf zu ziehen, das kann man von Frida Kahlo, der unangepassten, humorvollen Künstlerin lernen.

Anmerkungen

1 Vgl. Salomon Grimberg: *Der Blick in den Spiegel*. In: Ders. (Hg.): *Frida Kahlo: Bekenntnisse*. München, Berlin u.a. 2009, S. 19–32, hier: S. 20.

2 Vgl. Helga Prignitz-Poda: *Die chiffrierte Liebesgeschichte und chiffrierte Geheimschriften im Werk von Frida Kahlo*. In: Dies. (Hg. für Martin-Gropius-Bau und Bank Austria Kunstforum): *Frida Kahlo. Retrospektive*. München, Berlin u.a. 2010, S. 18–35, hier: S. 18.

3 Olga Campos, *Interview mit Frida Kahlo*. In: Salomon Grimberg (Hg.): *Frida Kahlo: Bekenntnisse*. München, Berlin u.a. 2009, S. 55–112, hier: S. 65.

4 Zit. nach: Raquel Tibol (Hg.): *Frida Kahlo. »Jetzt, wo Du mich verläßt, liebe ich Dich mehr denn je«*. München 2004, S. 28. Die span. Originalausgabe erschien 2001 unter dem Titel *Escrituras* in Mexiko.

5 Zit. nach Hayden Herrera: *Frida Kahlo. Malerin der Schmerzen – Rebellin gegen das Unabänderliche*. Frankfurt a.M. 1987, S. 47.

6 Tibol (Hg.): *Frida Kahlo*, S. 52.

7 Ebd., S. 55.

8 Ebd., S. 55f.

9 Siehe etwa: Teresa del Conde: *Frida Kahlo. Eine außergewöhnliche Erscheinung*. In: Carlos Phillips Olmedo u.a.: *Fridas Kleider*. Aus dem Museo Frida Kahlo, Mexico City. München 2009, S. 27–50, hier: S. 32f.

10 Die Uhrzeit ist sieben vor drei: Frida verschlüsselte die

Buchstaben des Alphabets mit Zahlen, so ist F = 7 und C (wie Carmen) = 3. Vgl. Prignitz-Poda: *Die chiffrierte Liebesgeschichte*, S. 24.

11 Vgl. del Conde: *Frida Kahlo*, S. 30.

12 Bei der Öffnung ihres Archivs 2004 wurde Fridas Kleiderschrank erstmals geöffnet, inspiziert und wurden die Kleider daraufhin gereinigt und restauriert sowie wissenschaftlich eingeordnet.

13 Marta Turok: *Fridas Garderobe: Ethnische Trachten und Ethno-Mix*. In: Carlos Phillips Olmedo u. a.: *Fridas Kleider*. Aus dem Museo Frida Kahlo, Mexico City. München 2009, S. 51–174, hier: S. 57.

14 Vgl. Jeannette Zwingenberger: *Frida Kahlos Körperträume*. In: Helga Prignitz-Poda (Hg. für Martin-Gropius-Bau und Bank Austria Kunstforum): *Frida Kahlo. Retrospektive*. München, Berlin u. a. 2010, S. 66–73, hier: S. 66.

15 Vgl. Emma Dexter: *Die universale Dialektik Frida Kahlos*. In: Dies. (Hg.): *Frida Kahlo*. Ausstellungskatalog Tate Modern London. München 2005, S. 11–30, hier: S. 22 f.

16 »O'Keeffe war drei Monate im Krankenhaus und ist jetzt auf die Bermudas gefahren, um sich zu erholen. In dieser Zeit haben wir uns nicht geliebt – weil sie so schwach war, denke ich. Schade.« Tibol (Hg.): *Frida Kahlo*, S. 125 (11. April 1933).

17 Vgl. Mario Sartor: *Frida Kahlo: Tra contemporaneità e rucupero del passato*. In: Diego Sileo (Hg.): *Frida Kahlo. Oltre il mito*. Mailand, Museo delle Culture 2018, S. 97–119, hier: S. 116.

18 Brief an Ella und Bertram Wolfe vom 18. Oktober 1934. In: Marta Zamora (Hg.): *Frida Kahlo. Cartas Apasionadas*. Bern, München, Wien 1999, S. 63 f.

19 Zamora (Hg.): *Frida Kahlo*, S. 67f. Die Schreibweise »Frida« taucht bei ihr ab 1938 auf.

20 Vgl. Florian Steininger: *Ein paar kleine Dolchstiche*, 1935. In: Helga Prignitz-Poda (Hg. für Martin-Gropius-Bau und Bank Austria Kunstforum): *Frida Kahlo. Retrospektive.* München, Berlin u.a. 2010, S. 108.

21 Vgl. James Oles: *Klatsch in Silber auf Gelatine.* In: Hilda Trujillo Soto und Pablo Ortiz Monasterio: *Frida Kahlo – Ihre Fotografien.* München, London, New York 2019, S. 254.

22 Der Aufenthalt dauerte vom 18. April bis zum 1. August 1938.

23 Brief von Frida Kahlo an Ella Wolfe, 13. [keine Monatsangabe] 1938. Zit. nach Zamora: *Frida Kahlo*, S. 82.

24 Vgl. Gannit Ankori: *Frida Kahlo. Das Gewebe ihrer Kunst.* In: Emma Dexter (Hg.): *Frida Kahlo.* Ausstellungskatalog Tate Modern London. München 2005, S. 31–46, hier: S. 38.

25 Die Zahlen schwanken in den verschiedenen Publikationen.

26 Auch dieses Material konnte erst nach der Öffnung der Archive 2004 gesichtet und nach und nach ausgewertet werden, sodass der Sohn von Michel Petitjean, Marc, 2018 ein Buch verfassen konnte, in dem er diese Liebe seines Vaters recherchiert, aber gleichzeitig auch empathisch imaginiert; dt. Marc Petitjean: *Das Herz – Frida Kahlo.* München 2021.

27 Für das Mädchen: So bezeichnet sie sich.

28 Tibol (Hg.): *Frida Kahlo*, S. 196.

29 Ebd., S. 188.

30 Zit. nach: Hayden Herrera: *Il ritorno di Frida Kahlo.* In:

Diego Sileo (Hg.): *Frida Kahlo. Oltre il mito*. Mailand, Museo delle Culture 2018, S. 67–82, hier: S. 72.

31 Brief an Carlos Chávez, Oktober 1939. Tibol (Hg.): *Frida Kahlo*, S. 202 f.

32 Helga Prignitz-Poda, *Selbstbildnis mit Dornenhalsband*, 1940. In: Dies. (Hg. für Martin Gropius-Bau und Bank Austria Kunstforum): *Frida Kahlo. Retrospektive*. München, Berlin u. a. 2010, S. 126.

33 Frida Kahlo an Diego Rivera, 11. Juni 1940. Tibol (Hg.): *Frida Kahlo*, S. 227.

34 Der spanische Kommunist hatte sich Frida Kahlo anlässlich ihrer Pariser Ausstellungseröffnung mit einem großen Blumenstrauß genähert, um sie zu verführen und dann Zugang zu Trotzki in Mexiko zu bekommen. Das gelang jedoch nicht, Frida lehnte es ab, ihn bei Trotzki einzuführen. Er war Agent des NKWD und hatte den Auftrag, Trotzki zu töten, der noch Gast bei Diego Rivera und Frida Kahlo war. Frida ging nicht auf seine Annäherung ein, worauf er die Galerie verließ. Er konnte aber offenbar Sylvia Angeloff, eine Trotzkistin aus Amerika, für sich gewinnen: Eine ihrer Schwestern war Sekretärin bei Trotzki. So erlangte Sylvia Angeloff Zugang zu Trotzki und konnte ihren Geliebten zum Mord an Trotzki einschleusen. Vgl. Petitjean: *Das Herz*, S. 177.

35 Heinz Berggruen: *Hauptweg und Nebenwege. Erinnerungen eines Kunstsammlers*. Berlin 1996, S. 60.

36 Diese Beziehung ist mindestens bis Juni 1941 belegt.

37 Frida Kahlo: *Gemaltes Tagebuch*. München 1995, S. 214 f. (Faksimiles der Tagebuchseiten 19–22).

38 Ebd., S. 234 f. (Faksimiles der Tagebuchseiten 57–61).

39 Ebd., S. 262 (Faksimile der Tagebuchseite 116).

40 Vgl. u.a. Florian Steininger: *Die zerbrochene Säule*, 1944. In: Helga Prignitz-Poda (Hg. für Martin-Gropius-Bau und Bank Austria Kunstforum): *Frida Kahlo. Retrospektive.* München, Berlin u.a. 2010, S. 146. Die Begriffe »gebrochen« und »zerbrochen« werden in der Literatur synonym verwendet.

41 Ebd.

42 Hayden Herrera: *Frida Kahlo. Malerin der Schmerzen – Rebellin gegen das Unabänderliche.* Frankfurt a.M. 1987, S. 312.

43 Frida Kahlo: *Gedanken zu einem meiner Gemälde.* In: Raquel Tibol (Hg.): *Frida Kahlo. »Jetzt, wo Du mich verläßt, liebe ich Dich mehr denn je«.* München 2004, S. 265.

44 Helga Prignitz-Poda: *Moses oder der Sonnenkern*, 1945. In: Dies. (Hg. für Martin-Gropius-Bau und Bank Austria Kunstforum): *Frida Kahlo. Retrospektive.* München, Berlin u.a. 2010, S. 156.

45 Vgl. Diego Sileo: *Biografía de Frida Kahlo.* In: Ders. (Hg.) *Frida Kahlo. Oltre il mito.* Mailand, Museo delle Culture 2018, S. 12–35, hier: S. 15.

46 Vgl. Herrera: *Frida Kahlo*, S. 328.

47 Raquel Tibol, zit. nach Herrera, ebd.

48 Tibol (Hg.): *Frida Kahlo*, S. 290.

49 Ebd., S. 292.

50 Vgl. Herrera: *Frida Kahlo*, S. 328.

51 Ebd., S. 314 f.

52 Salomon Grimberg erhielt von Olga Campos selbst im Jahr 1989 Einblicke in das Frida betreffende Material für ihr niemals abgeschlossenes Buch und nahm es auf in: Salomon Grimberg (Hg.): *Frida Kahlo: Bekenntnisse.* München, Berlin u.a. 2009. Darin u.a. das psycholo-

gische Gutachten und das Interview von Olga Campos mit Frida Kahlo (S. 55–112).

53 Ebd., S. 101 u. 103.

54 Ebd., S. 105.

55 Herrera: *Frida Kahlo*, S. 360.

56 Ebd., S. 359.

57 Kahlo: *Gemaltes Tagebuch*, S. 274 (Faksimile der Tagebuchseite 134).

58 Ebd., S. 285 (Faksimile der Tagebuchseite 160).

59 Angesichts des sehr überschaubaren bildnerischen Werks von Frida Kahlo mit nur 144 – laut Helga Prignitz-Poda (2010) 143 – Ölgemälden ist die Auflage, dass die Überzahl (102) im Land bleiben muss, natürlich ein Manko in den Augen von Ausstellungsmachern und Besuchern weltweit.

Quellen und weiterführende Literatur

Gannit Ankori: *Frida Kahlo. Das Gewebe ihrer Kunst.* In: Emma Dexter (Hg.): *Frida Kahlo.* Ausstellungskatalog Tate Modern London. München 2005, S. 31–46

Heinz Berggruen: *Hauptweg und Nebenwege. Erinnerungen eines Kunstsammlers.* Berlin 1996

Olga Campos: *Interview mit Frida Kahlo.* In: Salomon Grimberg (Hg.): *Frida Kahlo: Bekenntnisse.* München, Berlin u. a. 2009, S. 55–112

Teresa del Conde: *Frida Kahlo. Eine außergewöhnliche Erscheinung.* In: Carlos Phillips Olmedo u. a.: *Fridas Kleider.* Aus dem Museo Frida Kahlo, Mexico City. München 2009, S. 27–50

Emma Dexter: *Die universale Dialektik Frida Kahlos.* In: Dies. (Hg.): *Frida Kahlo.* Ausstellungskatalog Tate Modern London. München 2005, S. 11–30

Salomon Grimberg: *Der Blick in den Spiegel.* In: Ders. (Hg.): *Frida Kahlo: Bekenntnisse.* München, Berlin u. a. 2009, S. 19–32

Ders. (Hg.): *Frida Kahlo: Bekenntnisse.* München, Berlin u. a. 2009

Hayden Herrera: *Frida Kahlo. Malerin der Schmerzen – Rebellin gegen das Unabänderliche.* Frankfurt a. M. 1987

Dies.: *Il ritorno di Frida Kahlo.* In: Diego Sileo (Hg.): *Frida Kahlo. Oltre il mito.* Mailand, Museo delle Culture 2018, S. 67–82

Frida Kahlo: *Gedanken zu einem meiner Gemälde*. In: Raquel Tibol (Hg.): *Frida Kahlo. »Jetzt, wo Du mich verläßt, liebe ich Dich mehr denn je«*. München 2004, S. 265

Dies.: *Gemaltes Tagebuch*. München 1995

James Oles: *Klatsch in Silber auf Gelatine*. In: Hilda Trujillo Soto und Pablo Ortiz Monasterio: *Frida Kahlo – ihre Fotografien*. München, London, New York 2019

Marc Petitjean: *Das Herz – Frida Kahlo*. München 2021

Helga Prignitz-Poda: *Die chiffrierte Liebesgeschichte und chiffrierte Geheimschriften im Werk von Frida Kahlo*. In: Dies. (Hg. für Martin-Gropius-Bau und Bank Austria Kunstforum): *Frida Kahlo. Retrospektive*. München, Berlin u.a. 2010, S. 18–35

Dies.: *Moses oder der Sonnenkern*, 1945. In: Dies. (Hg. für Martin-Gropius-Bau und Bank Austria Kunstforum): *Frida Kahlo. Retrospektive*. München, Berlin u.a. 2010, S. 156

Dies.: *Selbstbildnis mit Dornenhalsband*, 1940. In: Dies. (Hg. für Martin-Gropius-Bau und Bank Austria Kunstforum): *Frida Kahlo. Retrospektive*. München, Berlin u.a. 2010, S. 126

Mario Sartor: *Frida Kahlo: Tra contemporaneità e rucupero del passato*. In: Diego Sileo (Hg.): *Frida Kahlo. Oltre il mito*. Mailand, Museo delle Culture 2018, S. 97–119

Annette Seemann: *Frida Kahlo. »Ich habe mich in eine Heilige verwandelt«*. München 2002

Diego Sileo: *Biografia de Frida Kahlo*. In: Ders. (Hg.) *Frida Kahlo. Oltre il mito*. Mailand, Museo delle Culture 2018, S. 12–35

Florian Steininger: *Ein paar kleine Dolchstiche*, 1935. In: Helga Prignitz-Poda (Hg. für Martin-Gropius-Bau und Bank Austria Kunstforum): *Frida Kahlo. Retrospektive*. München, Berlin u.a. 2010, S. 108

Ders.: *Die zerbrochene Säule, 1944*. In: Helga Prignitz-Poda (Hg. für Martin-Gropius-Bau und Bank Austria Kunstforum): *Frida Kahlo. Retrospektive.* München, Berlin u.a. 2010, S. 146

Raquel Tibol (Hg.): *Frida Kahlo. »Jetzt, wo Du mich verläßt, liebe ich Dich mehr denn je«.* München 2004

Marta Turok: *Fridas Garderobe: Ethnische Trachten und Ethno-Mix*. In: Carlos Phillips Olmedo u.a.: *Fridas Kleider.* Aus dem Museo Frida Kahlo, Mexico City. München 2009, S. 51–174

Marta Zamora (Hg.): *Frida Kahlo. Cartas Apasionadas*. Bern, München, Wien 1999

Jeannette Zwingenberger: *Frida Kahlos Körperträume.* In: Helga Prignitz-Poda (Hg. für Martin-Gropius-Bau und Bank Austria Kunstforum): *Frida Kahlo. Retrospektive.* München, Berlin u.a. 2010, S. 66–73

Die casa azúl: www.museoFridaKahlo.org.mx
Das Museo Anahuacalli: http://museoanahuacalli.org.mx

Dank
… an Sascha Simon, unbeirrte Verlegerin auch in stürmischer Zeit, an Claudia Jürgens, einfühlsame und kundige Lektorin, sowie an die Herzogin Anna Amalia Bibliothek, die mir trotz Corona Fernleihen ermöglichte.

1. Auflage 2021

Umschlaggestaltung: Lisa Neuhalfen, moretypes, Berlin
Covermotiv: Frida Kahlo, *Selbstbildnis mit Dornenhalsband*, 1940; VNS-Motiv: Frida Kahlo, *Wurzeln* oder *Der Pedregal*, 1943; alle abgebildeten Gemälde © Banco de México Diego Rivera Frida Kahlo Museums Trust / VG Bild-Kunst, Bonn 2021
Lektorat: Claudia Jürgens, Berlin
Satz: Birgit Cirksena · Satzfein, Berlin
Druck und Bindung: GGP Media GmbH, Pößneck
ISBN 978-3-86915-249-3

www.ebersbach-simon.de

Gedruckt auf Papier aus nachhaltiger Forstwirtschaft
Printed in Germany